깡통 거지가 국회의원

인생역전, 성공을 원한다면 반드시 읽어야 할
깡통 거지가 국회의원

하움

깡통 거지 소년이
이뤄 낸 꿈

초등학교 월납금 열두 달 치를 못 내어
담임선생님으로부터 30센티미터 대나무 잣대로
한쪽 볼에 여섯 대씩 열두 대를 맞고도
나의 꿈은 꺾이지 않았고

중학교 어린 시절 다리 밑에서 잠을 자면서도,
깡통 거지로 밥을 얻어먹으면서도
나의 꿈은 꺾이지 않았다.

온갖 시련을 겪으면서도 끊임없는 도전,
나의 꿈은 피어올랐다.

그래서 국회의원도 하였고
이젠 국제 무대 한글 강사다.

젊은이들이어!
꿈을 꾸어라!
그리고 도전하라!
꿈은 반드시 이루어진다!

| 머 | 리 | 말 |

흔히들 사회적으로 성공했다는 사람들이 낸 책을 보면 대부분 어려운 환경 극복에서부터 이러이러한 일을 해내었다는 자랑으로만 일관하고 있어 읽지 않는다 한다. 특히 정치인들의 책은 더더욱 안 본다 한다.

나도 정치한 사람으로서 이런 사실을 너무 잘 알고 있고 심지어 공해라고까지 심하게 말했던 내가 왜 책을 내려 하는가!

우선 "깡통 거지가 국회의원까지" 키워 온 나의 과거사를 창피함도, 부끄러움도, 감출 것도 없이 이제는 말할 수 있다는 용기로 괴로움, 슬픔, 고통, 기쁨, 영광들이 범벅된 나의 알몸을 떳떳하게 드러내 인생 노정에서 터득한 성공비결을 독자들에게 보여주고 싶어서다.

특히 직업을 못 구해 방황하고 비틀거리는 젊은 청년들, 뭘 해도 실패만 거듭, 위기에 처한 이들에게 새 생명의 부활로 안내하는 강한 메시지를 던지며 시련을 이겨내고 위기를 탈출하는 방법에서부터 목표달성, 성공까지 그대로 옮겨 놓았으니 백신 같은 책이 되어 삶을 확 바꿔보라고 권하고 싶다.

중학교 어린시절 깡통 거지가 된 소년이 꿈을 포기하지 않은 채 발버둥 쳐 국회의원이 되고 국제강사로 성공하기까지 난관을 극복한 나의 경험이 부디 희망을 잃은 젊은이들에게 투영되어 당신만이 가진 귀하고 독

특한 존재의 가치와 재능과 능력을 캐내 삶의 새로운 창조 기회가 되어 행복한 삶을 누리기를 바란다.

    오로지 이런 충정에서 이 책을 펴내는바 많은 독자들과 만나서 인생 진로에 밝은 빛이 되고 좋은 변화와 희망을 향해 도전하는 새로운 안내서요, 누룩 같은 책이 되기를 비는 마음이다.

    중간 연결 고리를 빼놓아 답답함과 의문점이 있음도 잘 알고 있지만 밝히지 못한 부분은 독자의 아량으로 이해를 바란다.
    또한 책은 독자 입맛에 맞게 감정을 녹여 보다 흥미롭게 닦고 칠해야 한다고 하나, 나는 오직 사실을 바탕으로 있는 그대로 드러내려 했다. 하지만 때로는 믿기지 않는 사실부터 이해가 버거울 때는 약간의 창작도 가미됐음을 이해 바라며 상황에 따라 거칠고 험한 소리, 사투리 등 그대로 쓰다 보니 문법에서 다소 벗어난 표현이 있기도 하다. 더구나 학령기 배울 때의 맞춤법과 현행맞춤법이 다르고 습관이 달라 혼동으로 빗나간 곳도 있다. 거기에 한글 운동가로서 우리말 쓰기 고집이 더해져 외래어를 가급적 피했으며 더러 등장인물의 실명을 피해 가명으로 처리함도 넓은 이해를 구한다.

2025년 10월 09일 한글날(579돌)

한글 원광호

나의 성공 비결

결론부터 말하면 나의 성공 비결은 창의력에 있다. 창의력의 중요성은 여러 학자를 통해 강조되어 왔지만 나는 이 말을 지난 2019년 9월 12일 아침 방송을 보며 새삼 느꼈다. 이스라엘 민족의 교육과 관련된 프로그램이다.

오래전 이스라엘 히브리대학에서 잠깐 공부한 바 있다. 사실 이 교육을 받기 전부터 이미 스스로 겪은 삶의 체험을 통해 창의력이 몸에 배어 있었다. 하지만 현장학습을 통해 더욱 확실해졌다. 이 창의력이란 우연히 생기는 것이 아니다. 나는 어릴 적부터 호기심이 많았고 매사에 끊임없는 질문과 답, 토론 습관에서 상상력을 키우고 여기서 또 다른 창의력이 솟아나고 얻어지는 이치를 알게 되었다. 뒤에 소개되는 제1, 2 충격 사건도 위와 같은 창의력의 습관적 사례이다.

나는 일찍이 미첼의 『바람과 함께 사라지다』, 괴테의 『파우스트』를 탐독하고 톨스토이의 '비폭력 평화주의 종교사상', 토인비의 '도전과 대응'을 탐독하고 셰익스피어 작 『베니스의 상인』의 그레시아노 역을 맡아 공연, 배우 활동도 해 보았다. 이런 작품을 통해 느끼고 연극 활동을 통해 창의력을 키웠다.

1970년대 열차 이름 공모가 있었다. 현재도 쓰이고 있는 '새마을호', '무궁화호' 그리고 지금은 사라진 '비둘기호', '통일호'라는 열차 이름은 모두 응모한 당선작 이름이다. 비록 상품 이래야 가벼웠지만 수십 년이 지난 지금도 새마을, 무궁화호 열차를 타면 감회가 새롭다. 그뿐만 아니라 지금은 '국민권익위원회'로 바뀌었지만 국민의 고충을 처리하는 곳을 말하는 '국민고충처리위원회' 이름도 국회의원 시절 행정분과 상임위원으로 활동하면서 내가 지은 이름이었다.

또한 1996년 3월 1일 자로 국민학교를 '초등학교'로 바꿔 쓰게 된 것도 이십여 년 동안 한글운동가로서 줄기차게 주장해 온 결과의 몫으로 이해하고 이에 대한 자부심도 크다. 이런 것들은 창의력이 받쳐 주었다고 생각한다. 이같이 창의력은 보편적 생각을 뛰어넘어 예상치 못한 또 다른 힘을 만들어 성공시킨다. 창의력은 생각에서 그치는 것이 아니라 결과를 만들어 내는 창조 정신이 필수다. 그래서 에릭 브리 늎슨은 일찍이 "성공, 중요 요소는 지식과 창조력이다."라고 강조했다.

그다음 시련은 성공의 신호탄이다. 시련을 피하지 말고 기회로 삼아 극복으로 활용하라는 뜻이다. 더 보탠다면 도전을 주특기로 삼으라고 강조하고 싶다. 두 손을 주머니에 넣고서는 성공 사다리를 오르지 못하는 것처럼 성공 사다리를 두 손으로 붙잡고 올라가는 도전이 필요하다. 엘마 윌러가 한 말이다.

나를 보고 어떤 이들은 왜 그리 어렵게 사느냐 대충대충 쉽게 살라고 충고한다. 그럴 적마다 반박한다. "쉬운 일이 나에게 오겠어?" 그렇다. 남이 하지 못하는 것, 어렵다고 일찍이 포기하는 것, 힘들다고 싫어하는 것, 더럽다고 피하는 것, 이런 것들을 기회로 잡고 스스로가 더 높은 곳을 향하여 나아가는 도전 정신만이 성공 열쇠의 비결임을 강조하고 싶다.

'불가능'이란 가능하지 않음, 즉 할 수 없다는 뜻이고 '가능'이란 할 수 있거나 될 수 있다는 뜻이라고 국어사전은 정의한다. 그렇다면 할 수 있고, 없고 판단은 남이 해 주는 게 아니라 나 자신이 하는 것이다. 결국 자신의 판단에 따라 안 되고, 되고, 불가능은 있다, 없다 말할 것이다. 여기서 중요한 것은 애초부터 내가 할 수 없는 일 들을 할 수 있다고 오판한 것이 아닌지, 냉철한 판단은 필수다. 그래서 불가능은 스스로 만든 것이기에 "불가능은 존재하지 않는다."라고 강조하는 것이다.

그리고 철저히 적어라. 남들은 나를 보고 메모광이라 한다. 강연회나 대화할 때도 항상 종이쪽지와 연필을 습관적으로 꺼내 들고 있다. 언젠가는 긴요하게 써먹을 때가 생긴다.

끝으로 몰입이다. 몰입은 남이 하지 않는 열정을 갖게 하고 그 열정은 곧 미치게 만든다. 미치는 것은 당연하다. **"미쳐야 한다!" "미쳐라!"** 내가 하고자 하는 일에 미치지 않으면 보통이요, 보통은 결코 경쟁에서 승리하지 못한다. 이것이 내가 던지는 마지막 나의 성공 비결 메시지이다.

보다 확실한 것은 이 책의 면면에 담겨 있는 나의 참담하고 치열한 체험담에 녹아 있음을 참고하기 바란다.

차 례

머리말 006
나의 성공 비결 008

제1장 태어나지 말걸

내 인생은 여기서부터 ·················· 016
나는 이미 죽어 가고 있었다 ············ 019
내 인생 첫 번째 충격 사건 ············· 022
내 인생 두 번째 충격 사건 ············· 026
열한 살 어린 몸이 절간으로 ············ 029
연설 배우려 교회에 다녀 ··············· 032
초등학교 때 웅변 1등 ·················· 036
월사금이 뭐길래 ······················· 040

제2장 고달픈 중학생

고모님 양자 ··························· 046
남자 바지 임자는? ····················· 049
쫓겨난 양자 ··························· 052
내 집은 다리 밑 움막집 ················ 055
중학생이 고학 ························· 059
아이스케키(아이스케이크) ············· 062
중학생이 막노동 ······················· 067
토마토 도둑 ··························· 071
강물에 떠내려가 ······················· 075
배고픈 절규 ··························· 079
난생처음 신문에 ······················· 082

제3장 꿈 많은 청년 시절

꿈꾸던 고등학생 ······················· 088
새나라 택시 ··························· 092
술지게미 ······························ 096
무당집 ································ 100
두부 공장 물 푸는 고학생 ·············· 104
짠지(강원도 사투리) ··················· 109
깡통 거지 ····························· 113
제발 명찰만은 떼지 말지 ··············· 117
고교생이 국회의원 후보 연설 ·········· 120
늦깎이 대학생 ························· 124

제4장 군대 이야기

- 훈병의 만용 ······················ 130
- 방송 사고 ······················ 137
- 문화선전대 ······················ 140
- 거짓말의 대가 ···················· 144
- 곰배팔 사건 ······················ 147

제5장 사회 초년생 시절

- 명함 한 장으로 일어나 ············· 152
- 서울 육교는 내 것 ················ 155
- 눈물 젖은 신발 ··················· 159

제6장 으뜸 칼라

- 고물 사진기 한 대 ················ 164
- 필름 한 통 ······················ 167
- 관광지 출사원 ··················· 171
- 중앙사진관 앞 사건 ··············· 176
- 간절한 가게 ····················· 181
- 고물 장수 대장 ··················· 184
- 거꾸로 보이는 세상 ··············· 190
- 고물 자전거 ····················· 192
- 사진관이 둘 ····················· 197

제7장 파란만장한 정치 입문

- 국회의원은 왜 해 ················· 202
- 정주영 회장님과의 첫 만남 ········· 205
- 공천장 ························· 211
- 내 차가 불에 타 ·················· 216
- 눈물바다 창당 대회 ··············· 219
- 국회의원 입후보 ················· 224
- 국민 배우의 비하 발언 ············· 226

제8장	깡통 거지가 국회의원이 되다	
	깡통 거지가 꿈꾸던 국회의원에 당선되다	230
	잊지 못할 조영식 총장님	232
	의정활동	234
	금배지 달고 모교 찾아	241
	남대문시장 원 주임이 금배지	246

제9장	따듯한 가슴	
	따듯한 가슴, 정주영	252
	명함 뒤에 50억 받아	259
	정주영 회장님을 그리며	266

제10장	한글 운동의 꿈과 실현	
	국회의원으로서 한글 운동	274
	한글 교재 개발 보급과 한글학교 운영	283
	『이것이 한글이다』 책을 펴냈다	285
	나는 세계 기록 보유자	288
	나는 세종 신하 국제 강사다	298
	세계 최고로 긴 현수막 100미터 90센티	304
	세종대왕릉역 이름 제정 성공	310
	세종국제공항이 인천국제공항으로	314
	한글날 다시 제정 성공	318
	공병우 박사와 함께 명예 문학 박사	320
	1조 간다는 훈민정음(상주본) 찾기 운동	323
	방송 비화	326
	기타 한글 운동	332

제11장	사람 사는 이야기	
	결혼식 진풍경	340
	한 결혼식, 주례가 둘	346
	눈물겨운 스승님	353

맺음말 356

제 1 장

태어나지 말걸

내 인생은 여기서부터

나의 인생은 1946년 음력 3월 13일에 시작됐다. 대한민국이라는 나라의 강원도 원주에서 24킬로미터쯤 충주 쪽으로 가다 보면 원성군(지금은 원주시) 귀래면, 예부터 귀한 손님이 온다 하여 발음도 어려운 귀할 귀(貴), 올래(來)를 써서 귀래라고 불리는 면 소재지가 있다. 여기서 동쪽으로 3킬로미터 떨어진 운남리 산골짜기로 올라가면 갈미봉 아래 백골이라는 마을이 있는데 원래는 '배 이(梨)' 자를 써서 '배골'인데 쉽게 '백골'이라고 부른다.

이곳에서 원 씨의 시조 원천석 선생의 38대손으로 아버지 원정규 씨와 어머니 영월 엄 씨, 엄희섭 씨 사이에서 삼남 삼녀 중 둘째 아들로 태어나 원광호라는 이름으로 세상 삶이 시작되었다. 여기서 잠깐, 시조 원천석 선생 이야기를 빼놓을 수가 없어 소개한다.

눈 맞아 휘어진 대를 뉘라고 굽다던고

굽을 절이면 눈 속에 푸를소냐

아마도 세한 고절은 너뿐인가 하노라

이렇게 시조로 자기 절개와 지조를 대나무에 비유한 고려 충신 원천석이다. 진사가 되었으나 고려 말의 혼란한 정계를 개탄하여 원주 치악산에 들어가 은둔 생활을 하였다. 조선의 태종이 된 이방원을 가르친 바 있어 1,400년 태종이 즉위한 뒤로 여러 차례 벼슬을 내리고 그를 불렀으나 응하지 않자, 태종이 직접 그를 찾아갔으나 만나지 못하였다. 벼슬마저 거절하고 충신의 신의를 지킨 이 원천석 선비요, 그가 잠들고 있는 곳이 원주 치악산이다. "치악산 정기를 받고, 원천석의 뜨거운 나라 사랑, 겨레 사랑 피가 가슴의 용광로로 불타고 있는 사람이 바로 원광호 의원이다."라고 시인 오동춘 박사는 「국회 우뚝 솟은 한글 횃불」이라는 글에서 나를 치켜세워 주었다.

당시는 시계가 귀할 때라서 몇 시에 태어났는지 알 수 없어 몇 시에 태어났느냐고 물으면 답변은 그저 병술생 개띠 해 음력 삼월 열사흘 아침에 물레방앗간에서 쌀 한 가마를 찧고 와서 낳았다는 말만 듣고 자랐으니 나도 그렇게 말할 수밖에 없다. 싫든 좋든 원했든 원치 않았든 상관없이 나도 모르게 태어난 것이다. 나뿐만 아니라 모두 태어날 때는 그러할 것이다. 더욱이 내 인생 미래가 행복할지 불행할지 아무도 모르고 태어나 삶이 시작된 것이다. 과연 나의 삶은 어찌 되었을까?

내가 태어나던 시대는 가장 살기 어려운 보릿고개를 겪던 시대로 찌들게 가난한 농촌에서 태어나 어린 몸으로 1950년 6.25 전쟁으로 피난 보따리를 짊어진 지게 위에 올라타고 피난을 겪는가 하면 헐벗고 배고픈 시절을 처절하게 보내면서 병에 시달려 삶을 포기해야만 했다.

나는 이미 죽어 가고 있었다

    그 전 일은 모르겠고 기억할 수 있는 어린 시절은 대여섯 살쯤으로 짐작한다.
    날이 새면 살았나 보다 하고 바지도 못 입은 채 뼈만 앙상하게 바짝 마른 몸에 살 한 점 붙지 않은 채 다리에 힘이 없어 걷지도 못하고 개구리 엉덩이 모양으로 기어다니는 신세였다. 엉덩이를 끌고 흙바닥을 문지르며 양지바른 곳을 찾아갔다. 힘없이 기둥에 기대어 눈만 껌벅거리며 졸다 그 자리에 누워 자기가 일쑤였다.

    당시 나의 병세는 이질, 설사병으로 만사 피곤하며 그저 아무 곳이나 눕고만 싶을 뿐이었다. 죽는다는 것도 산다는 것도 아무런 감각이 없는 상태에서 그저 힘들기만 했다.
    시골 촌 동네라 병원이라는 이름 자체를 몰랐으니 진찰조차 엄두도 못 냈던 유년 시절이었다.

이미 살 수 없을 것 같은 병든 자식을, 부모는 애처로운 모습으로 바라만 볼 뿐이었다. 속수무책으로 포기한 자식이 된 것이다. 날이 갈수록 식구들의 관심도 받지 못하고 버려진 몸으로 기억된다.

그런데 살길이 열렸다. 새 생명을 얻을 기회가 온 것이다. 전쟁 후 피난민을 위해 미군 의료봉사단이 초등학교에 와서 약을 준다는 소문을 동네 어른한테 들었다. 귀가 번쩍했다. 나는 살아야 한다. 반드시 살아야 한다. 그래서 나는 살아 보겠다는 일념으로 두 사람이 서로 간신히 피해 갈 수 있는 오솔길, 칡넝쿨, 울퉁불퉁 가릴 것 없는 자갈밭 흙길을 따라 집에서 3킬로미터가 넘는 거리인 학교까지 엉금엉금 기어서 갔다. 학교에 도착하니 우리 동네에서만 온 게 아니고 귀래면 일대에서 몰려온 사람들로 북새통이었다. 길게 서 있는 줄에 나도 끼어들었다. 어른들이 나를 앞에 끼워 준 것이다.

여기선 아픈 증상을 말해 봤자 지금처럼 전문 의사가 진찰하고 약을 지어 주는 것이 아니고 배 아프다면 금계랍과 키니네, 아스피린이란 약 등 불과 서너 가지뿐이고 다쳤거나 외부 상처를 보이면 빨간 아까징끼란 약을 발라 줄 뿐이었다. 배가 아프고 피똥 설사를 한다고 하니까 알아차린 듯 노란 금계랍과 아스피린 그리고 한 가지를 더(기억 안 남) 주었다. 약봉지를 받아 노끈으로 묶어 목에 걸고 집으로 어렵게 돌아왔다. 집에 오자마자 약부터 먹기 시작했다. 그 후 며칠도 안 가서 이게 웬일인가. 피똥도, 설사도 멈추고 밥맛도 알게 되었다. 그 후부터는 무엇이든 가릴 것 없이 잘 먹었다. 기적이 일어난 것이다. 산 것이다. 확실히 나는 산 것이다. 기분이 좋아진다. 생기가 난다. 신바람이 났다. 미친 듯이 이리 뛰고 저리 뛰고 어제의 원광호가 아니다. 살아난 나를 바라보는 부모님도 형제들도 기뻐하며 나를 챙긴다. 이웃집 동네 어른들도 나를 위로한다. 이래서 나는 두 번째 생명을 얻어 살게 된 것으로 "하느님, 감사합니다."만 거듭거듭 되풀이했다.

내 인생 첫 번째 충격 사건

　아직도 어제 일인 듯 눈에 선하다. 내가 사는 동네는 물론이고 항상 학교 가는 길에 보면 너덜이(면 소재지 동네 이름) 아저씨들이 떼 지어 지게를 지고 나무하러 우리 동네를 지나 산을 향해 올라가곤 했다.
　학교를 마치고 집으로 돌아올 때면 그 나무꾼들은 나무를 잔뜩 해서 지게에 지고 "으여차, 으여차!"를 반복, 소리를 내고 합창하며 발을 맞추었다. 한참 뛰다시피 빠르게 가다가 이삼백 미터도 못 가서 쉬곤 또다시 뛰듯이 발걸음을 재촉한다. 그런데 그 나무꾼들은 힘들어 보이는 것은 둘째 치고 바지는 찢어지고 얼굴은 긁혀 피가 맺히고 신발은 다 떨어져 너덜댔다. 그 신발을 칡넝쿨로 묶어 신고 다니고 있었다.
　이런 모습으로 매일같이 마주치게 되니 당시 어린 나는 그 아저씨들의 고생하는 모습이 안타까웠다. 어떻게 하면 저렇게 나무를 힘들게 하러 다니며 고생하지 않고 집에서 편하게 땔감을 마련할 수 있을까? 고민, 고민하다가 너덜이에서 알아주는 재담꾼으로 알려진 윤유식 아저씨를 찾아갔다.

잔뜩 해다 놓은 땔감 나무를 가리키며 물었다. "아저씨, 이 나무들은 애초에 어떻게 생겨나서 어떻게 자라는 건가요? 이런 나무를 집집마다 집에서 길렀다가 크면 가지를 쳐서 땔 수는 없는 건가요?" 물었다. 이에 아저씨는 "참 질문 잘했다." 빙긋이 웃으며 진지하게 설명해 주셨다.

그리고는 "네가 해 볼래?" 하셨다. 나는 주저 없이 해 보겠다고 하고 자세히 들은 후 마음을 가다듬고 이튿날 그 아저씨가 가르쳐 주신 대로 했다.

방법은 이랬다. "너의 집에서 제일 깨끗한 곳에 물 한 사발 떠 놓은 후 소금을 풀어 넣고 하느님께 잡수시라고 정성을 다해 기도해라. 그러면 그 물을 하느님께서 잡수시고 그릇이 마르고 비게 된다. 그 후 서너 날 후면 비가 오고 또 서너 날 지나면 집 앞 밭에 새파랗게 싹이 트고 이 푸른 싹이 점점 자라면 큰 나무로 자라니 그때는 네가 말한 대로 가쟁이만 쳐서 때면 된다." 하셨다.

나는 우리 동네 사람들 고생도 덜어 주고 등굣길에 만나는 아저씨들 고생도 덜어 줄 수 있다는 기쁜 마음에 그 아저씨 말을 철석같이 믿고 이튿날 학교도 안 가고 우리 집에서 제일 깨끗한 곳을 찾다 보니 풀도 없고 고운 돌로 깔려 있는 장독대가 보였다. '옳거니, 여기다!' 생각하고 사발에 물을 담아 소금을 풀어 넣은 후 무릎을 꿇고 기도하기 시작했다. "하느님! 이 물을 잡수시고 우리 집 텃밭에 나무를 나게 해 주세요." 다른 말은 할 줄 모르고 손을 비벼 가며 이 말만 되풀이하며 열심히 기도했다.

그런데 일찍 면사무소를 다녀오신 아버지가 들어오시면서 "너 학교 안 가고 거기서 뭐 하느냐?" 하신다. 누가 뭐라 해도 부정 타니까 대꾸도 하지 말고 기도만 열심히 하라는 아저씨의 말이 기억나 등 뒤로 손을 휘저으며 답변을 못 한 채 기도에 더욱 열중하였다. 하루 종일 엎드려 기도를 했건만 사발 그릇의 물은 줄지 않고 햇볕은 따갑기만 하고 배는 고프고 다리도 아프고 꾀가 나기 시작하여 결국 포기하고 말았다. 그렇지만 다음 날도 학교를 다녀오면 그 사발부터 확인했다. 4~5일 지나서야 그릇이 비어 있었다.

그제야 '아~하, 하느님이 물을 다 잡수셨구나.' 생각하고 나는 마루에 서서 소리를 지르기 시작했다. "이제 며칠 있으면 비가 오고 우리 집 텃밭에 푸른 나무 싹이 트여 자라게 되며 이 나무들이 크게 자라면 그때 가지만 잘라 때면 되니 동네 사람들이여! 나무하러 우리 집에 오라!"라고 소리쳤다.

우리 집 식구들은 물론, 동네 사람들이 나를 미쳤다고 수군대기 시작했다. 그래도 나는 욕을 하든 흉을 보든 며칠만 기다려 보라고 큰소리치고 있을 무렵, 아니나 다를까 비가 오기 시작했고 약속대로 텃밭에 파란 싹이 여기저기 돋아나기 시작했다.

나는 미친 듯 "동네 사람들이여! 여기 와 보세요!" 크게 고함을 지르며 자랑했다. 그런데 이게 웬일인가? 며칠 후 보니 그 푸른 싹들은 나무가 아닌 잡풀이었다. 나는 그때 제정신이 아니었다. 정신없이 텃밭에 나온 풀들을 발로 짓뭉개 밟아 버렸다. 그리고는 거짓말했던 아저씨를 단숨에 찾아가 울고불고 난리를 쳤다. 아저씨는 몹시 당황한 표정으로 어찌할 줄 몰랐다.

　아직 어린 꿈 많은 10살 소년에게 짓궂은 장난을 친, 무책임한 어른의 거짓말이 얼마나 큰 상처와 실망을 안겨 줬는지도 모르는 그 아저씨가 그저 밉기만 했다. 아무리 소리쳐도 소용없고 목만 아파서 집으로 돌아왔다. 세상에서 못 믿을 사람을 내 인생에서 첫 번째 만난 꼴이요, 내 인생 처음 받은 큰 충격 사건이었다. 그러나 이뿐만이 아니다. 두 번째 충격 사건은 더 컸다.

내 인생 두 번째 충격 사건

우리 집에서 너더리 귀래초등학교에 가려면 조그마한 언덕을 넘어 중간쯤 길옆 야트막한 산에 행상 바위와 그 옆에 호랑이 바위가 있다.

호랑이 바위는 낮에는 그런대로 괜찮은데 밤에 다니다 보면 산에 호랑이가 앉아 있는 모습으로 여간 무섭지 않았다. 더구나 그 옆에는 큰 바위에 뻘건 줄이 있는데 마치 죽은 사람 장사 지내러 시체를 메고 가는 행여 모양과 비슷하여 행상 바위라 부른다. 어린 나에게는 소름이 끼칠 정도로 오싹오싹한 바위였다.

그래서 이곳을 지날 적마다 저 바위들을 없앴으면 좋겠다고 생각하다가 도대체 저 바위는 언제 어떻게 만들어졌는지, 또 어떻게 없앨 수 있는지 궁금해지기 시작했다. 이를 알 만한 사람을 찾다가 모 교회 목사님을 만나게 되었다. 궁금한 문제들을 질문했다. 그런데 답변이 그럴싸한 정도가 아니라 답이 딱 떨어졌다.

그의 답은 이렇다. 세상에 너무 죄지은 사람이 많아 하나님이 불 심판을 하셨는데 심판을 마치고 불바다는 식고 추워져 눈보라 치고 모래가 모여 쌓인 게 저런 산이 되고 그중에 단단히 얼어붙은 게 바위인데 지금은 그 온도가 낮아 녹지 않아 저렇게 바위들이 이곳저곳에 있다고 했다. 들으면 들을수록 신기하고 기막힌 대답이었다.

어린 나는 이 말을 믿을 수밖에 없었다.

하지만 그 후 초등학교 3학년인가 자연 시간에 바위가 갈라져 돌이 되고 돌이 부서져 자갈이 되고 자갈이 부서져 모래가 된다는 풍화작용 설명을 선생님으로부터 들었다. 나는 즉각 반격에 나섰다. "선생님, 그게 아니고요." 불바다 심판부터 산, 바위가 생긴 과정을 큰 소리로 말했다. 우리 반 아이들이 웃기 시작했고 선생님은 기가 막힌다는 표정으로 수업이 끝난 후 나를 불러 세우고 "누가 그런 말을 했니?" 어디서 터무니없는 엉터리 말을 들었느냐 다그치셨다.

그러나 그는 이미 너더리를 떠나 버린 떠돌이 가짜 목사였다. 당시 이 얘기를 전해 들은 교육감이 그런 어린이가 또 있을 수 있는 일이니 시청각 자료인 사각 상자 괘도를 만들어 원성군 관내(지금은 원주시로 통합) 초등학교에 보급했다.

만약 당시 풍화작용에 대해서 선생님 말씀을 못 들었다면 나는 분명히 그 바위들을 없애기 위해 바위 밑에다 불을 질러 녹이려 했을 것이고 결과는 바위가 녹아 없어지기는커녕 대형 산불 화재 사고를 일으킬 뻔했다.

나는 이렇게 어릴 적부터 두 번씩이나 어른들의 거짓말로 큰 정신적 충격을 받았다. 철석같이 믿었던 동네 어른도, 목사님도, 어린 내게 한 허무맹랑한 말로 이렇듯 마음에 큰 상처를 주었다. 더 이상 어른도, 목사님도, 믿을 수 없는 존재라는 원망과 미움으로만 가득 찬 채, 진실의 소리를 들을 수 있는 곳을 찾기 위해 무던히 애썼다. 묻고 물어 들은 것이 유명 절에 가서 공부하라는 어떤 분의 권유였다. 그래서 나는 절간으로 가기로 결심했다. 그렇게 나는 집을 떠나 절간으로 가게 된다.

열한 살 어린 몸이 절간으로

절간으로 가기로 결심한 후 많은 고민과 걱정이 앞섰다. 자동차를 타고 가는 것은 아예 엄두도 못 내고 며칠을 걸어야 했기에 가다가 해가 지고 어두우면 재워 달라 사정해야 할 것이고 배고프면 밥 좀 달라 사정하면 되겠지만 혹시나 어두운 산골길에 무서운 산짐승이라도 만날까 두려웠다. 궁리 끝에 대장간에 가서 칼을 만들어야겠다고 생각하고 집 건너 동수 아버지네 대장간을 찾아갔다. 적당한 크기로 만들어 달라고 주문하고 풍구질을 돕자 동수 아버지는 달궈진 쇠붙이를 망치로 텅텅 두들겨 칼을 만들어 주었다. 다음 날 이 칼을 옆구리에 꿰차고 이른 새벽 드디어 집을 나섰다. 학교에서 빤히 보이는 소태재를 넘어 한없이 가고 있었다.

며칠이 지나 도착한 곳이 속리산 법주사 사찰이었다. 사찰 입구부터 큰 나무들이 있고 으슥한 데다 조용하고 새소리가 참으로 듣기 좋았다. 뭔가 마음이 편안해지고 조용하고 좋았으나 점점 깊이 들어갈수록 무서워졌다. 마당에 들어서니 사방으로 큼직한 건물들이 있어 이리저리 둘러

보다가 스님 한 분을 만났다. "저어, 말씀드릴 게 있는데…." 하며 주저하니까 말해 보라 하신다. "실은 제가 절에서 공부하려고 찾아왔는데 어떻게 하면 되나요?" 하니까 "너처럼 어린 몸이 혼자 와서 있겠다 하면 안 된다." 한마디로 거절당하고, 멍청하게 법당 뜰 돌파구에 걸터앉아 곰곰이 생각하고 있는데 또 한 스님을 만나게 되어 사정하니 "어디서 왔느냐? 몇 살이냐? 그 먼 길을 걸어서 왔단 말이냐?" 묻기에 하고 싶은 말을 그대로 다 털어놓았다. "그럼 따라와 봐." 하여 따라갔다. 법당 옆으로 깊숙이 들어가 우측 한쪽의 방 하나를 안내하여 들어갔다.

나이가 많으시고 풍채가 좋으신 위엄 있는 분이 계셨다. 특히 눈썹이 하얗고 긴 게 특징으로, 한눈에 도사 같은 느낌을 주는 분이었다. 나는 큰절을 올리고 사정을 했다. 제발 무엇이든 시키는 대로 다 할 테니 받아 달라고 애원했다. 눈을 지그시 감으시고 몸을 좌우로 흔드시면서 한참 내 말을 듣고 있으시다가 "그래, 잘 왔다. 오늘부터 나하고 있자." 하시며 허락하셨다. 그래서 나는 어린 동자승의 길을 걷게 되었다.

더벅머리에 물을 적셔 가며 백구칼로 문지르니 어느새 잘린 머리카락이 볼과 콧등으로 뚝뚝 떨어졌다. 나는 나도 모르게 흐르는 눈물을 닦지도 못한 채 흐느꼈다. 동자승이 된 나의 첫 번째 할 일은 큰스님 요강 부시는 일부터 아침, 점심, 저녁 공양 밥상을 머리에 이고 나르는 일 등 다양한 심부름이었다. 그 후 얼마 안 돼 진급되어 할 일이 법당 청소부로 바뀌었다. 새벽에 일찍 일어나 희미하게 비치는 호롱불을 들고 간신히 도랑을 더듬어 졸졸 흐르는 개울물 소리를 찾아 살짝 언 얼음을 깨고 걸레를 빤다. 걸레라야 그때만 해도 걸레 감이 없어 남이 입다 버린 광목 빤스(지금의 팬티)를 가지고 쓰고 또 쓴다. 아무리 빨아도 시커멓고 때가 잘 지워지지 않았다. 더구나 얼음을 깬 찬물에선 대충 물에 흔들어 짤 수밖에 없다. 걸레를 들고 법당에 들어서 촛대 아래며 여기저기 문지르면 얼어붙은 걸레는 닦아지기는커녕 줄만 남긴다. 청소가 제대로 될 리가 만무하지만 대충 청소하고 촛불을 켜노라면 어느덧 새벽 예불을 알리는 종소리가 '딩, 딩, 딩' 은은하게 울려 퍼진다. 그러면 각 방 스님들이 법당으로 모이기 시작한다. 여기까지가 나의 할 일이다.

　청소부도 잠시, 나는 또 진급한다. 당시 사찰 안 골짜기 골방엔 머리를 싸매고 공부하는 고시 준비생들이 많았다. 이 사람들에게 돌아다니며 필요한 책 이름을 주문받아 시내 서점에 가서 사찰 비용으로 구입하여 나눠 주는 일이다. 그때 공부하던 분들 중에는 고시에 합격해서 누구라고 하면 다 알 정도로 유명해진 판검사, 행정가, 정치인도 꽤 있었다. 농수산부 장관과 국회의원을 지내신 고 장덕진 씨도 이곳에서 공부한 분이다.
　그렇게 세월을 보내던 어린 동자는 인내심 부족인지 철없이 세상 이치는 깨닫지 못한 채 사찰을 떠나게 된다. 어찌 알았는지 아버지가 갑자기 찾아온 바람에 자의 반 타의 반, 집으로 돌아와 다시 학교에 다녔다.

연설 배우려 교회에 다녀

　너더리 면 소재지에서 개울 건너 한치라는 마을에 먼 친척이자 같은 반 친구 김영은이 있었다. 초등학교 3학년 때 영은이 큰누나 결혼식을 앞두고 있었다. 어머니가 밤새워 곱게 만드신 버선 다섯 켤레를 가져다주라 하여 심부름을 갔다. 영은이와 놀다 자고 가라 하여 같이 잤다.
　이튿날 마침 일요일이라 영은이는 옆에 있는 교회에 가고 혼자 있으려니 따분했다. 교회가 뭐 하는 곳인가 궁금해서 찾아가 조심스럽게 문을 살짝 열어 보니 많은 아이 가운데 영은이는 맨 앞줄에 앉아 있었고 그 앞에 영은이 누나가 댕기 머리에 검은 치마저고리를 입고 힘차고 멋진 손짓으로 지휘를 하며 찬송가를 부르고 있었다. 하도 재미있어 보여 문을 더 열고 빼꼼히 보다가 그만 누나한테 들키고 말았다. 누나는 나를 보는 순간 찬송 지휘를 멈추고 반갑게 "광호야, 이리 들어와 앉아."라고 하였다. 쑥스러워 우물쭈물하자 얼른 들어오라며 영은이 옆에 앉혔다. 영은이가 들고 있던 찬송가를 같이 붙들고 보며 나도 함께 따라 부르기 시작했다. 금세 나는 점점 더 크게 부르며 자신이 붙었다. 아주 재미있었다. 한참 부른 후 깔끔하게 양복을 입은 신사 아저씨가 단상에 올라서서 "기도합시다." 한다. 이 교회는 자그마한 시골 교회라 목사님은 없고 전도사란 분이 계셨는데 바로 이분이 전도사님이셨다. 모두 눈을 감고 두 손 모아 머리를 숙이기에 나도 따라 했다. 한참 동안 예수님이 어쩌고저쩌고 무슨 말인지 몇 마디 하면 다들 따라서 "주여, 주여." 하다가 얼마 후 "아~멘." 하고 기도를 마친다.

그다음 빨간 성경책을 펼친 후 읽어 주시고 설교를 하셨다. 얼마나 말씀을 재미있게 잘 하시는지 금방 웃다가 금방 슬프게 하다가 무슨 내용인지는 모르나 아무튼 학교보다는 더 재미있었다. 지금까지 우리가 한 것은 주일 학생 예배고 이어 어른 예배가 시작된다며 "돌아갑시다. 돌아갑시다. 재미있는 시간이 벌써 지나가." 헤어지는 찬송가를 부르며 어린아이들은 하나둘 일어나 교회 문을 다 나갔다. 그러나 나는 하도 재미있어서 더 있어도 되느냐고 누나한테 물으니 "그럼 되고말고. 그냥 앉아 있어."라고 하여 있다 보니까 금방 교회가 어른들로 꽉 찼다.

아까 주일 학생 예배 때보다 더 큰 목소리로 「찬송하는 소리 있어」, 「내 주를 가까이하려 함은」, 「울어도 못하네」 등 금방 통곡이라도 할 듯 슬픈 감정으로 찬송가를 부른 후 전도사님 설교 말씀도 훨씬 강렬하게 하시고 놀랍게 "주여, 주여." 하면서 어떤 분은 기도할 때 울기도 하고 참으로 신기했다. 그래서 나는 일요일이 되면 꼭 나오기로 누나와 약속을 하고 빠지지 않고 교회를 다녔다. 사실 무슨 말인지 무슨 뜻인지는 모르겠으나 나를 감동시키는 것은 틀림없고 죄짓지 말고 착하게 살아야 천당에 간다는 것까지는 알게 되었다.

나는 전도사님 말씀을 듣고 여러 사람이 울고 웃고 야단치고 호통치고 크게 감동하는 것이 너무나도 부러웠다. 나도 저렇게 전도사님처럼 말을 잘 하고 싶어졌고 또 그렇게 되겠다고 다짐하고 교회를 빠짐없이 열심히 다니는 것은 물론 흉내를 내기 시작하여 끼를 발휘할 수 있는 길을 찾았다.

그렇게 결석 한 번 안 했음은 물론, 내가 전도한 사람이 32명으로 크리스마스 날에는 귀한 뼈 필통까지 상품으로 받았을 정도로 열정적이었다.

당시 나는 형님이 쓰시던 것을 물려받아 썼는데 깡통 철판에 가운데는 태극 모양이 음각으로 새겨진 필통이었다. 형님부터 큰누나, 작은누나가 물려 쓰던 새카맣고 다 찌그러져 열고 닫으려면 뚜껑이 잘 맞춰지지 않을 정도로 낡은 것을 쓰고 있던 터라 필통이 필요했지만 내가 쓰기엔 너무나 과분해서 누가 볼까 두려웠다. 이 필통은 내가 쓸 수 없다는 판단에 학교 매점에 팔아 달라고 맡기고 말았다. 그렇게 나는 어릴 적부터 세심하여 물건을 아끼고 절약하고 내 주제를 아는 학생으로 통했다.

처음에는 교회에서 집에 돌아오자마자 마루에 서서 보는 사람도 없는데 혼자 독백으로 마당을 내다보고 원고도 없이 "주 예수그리스도가!" 소리 질러 놓고 다음 할 말을 몰라 멈추었다가 "하나님이 이 세상을 이처럼 사랑하사!", 또 멈추고 이와 같은 반복된 행동은 학교에서도 계속되었다.

초등학교 때 웅변 1등

쉬는 시간을 알리는 종소리가 나기 무섭게 교단에 올라 "만장하신 여러분." 뭐가 어쩌고저쩌고 소리를 지르다가 할 말이 없으면 내려오곤 했다. 그렇게 마치 놀이처럼 말하는 습관이 생겼다. 듣고 있던 우리 반 친구들은 재미있게 보고 "와~ 와!" 소리 지르며 아낌없는 박수를 쳤다. 6학년 때로 기억된다. "교내 웅변대회가 있는데 누가 나갈래?" 담임선생님이 우리 반 아이들에게 물었다. 아이들은 하나같이 "원광호요!" 합창했다. 나는 이렇게 해서 드디어 웅변대회에 처음으로 나가게 되었다. 선생님이 써 주신 제목은 「상기하자 6.25」였다. 열심히 원고를 외우고 틈만 있으면 교탁을 치고 감정을 쏟아 냈다. 대회가 내일로 다가왔다. 우리 학교는 강당이 따로 없고 행사 때가 되면 5~6학년 교실 가운데 칸막이를 옆으로 밀어 놓으면 강당이 된다. 수업이 끝나고 책, 걸상은 우리가 치우고 소사(심부름하는 아저씨)와 선생님들이 웃통을 벗고 연단도 놓고 칸막이를 한쪽으로 밀어 놓고, 마이크를 설치하고, 앞에는 6.25 웅변대회라고 큰 붓글씨로 써 붙였다.

　대회장만 봐도 가슴이 설렌다. 온통 내 머리에는 며칠 전부터 공부는 뒷전이고 반복된 웅변 연습으로 마음만 들떠 있었다.

　드디어 내가 최초로 여러 사람 앞에 서서 웅변하는 날이 되었다. 일찍 학교에 갔다. 벌써 감동에 벅차다. 1등을 한다는 생각뿐이다. 학교 방송실에서는 오늘 10시부터 교내 웅변대회가 있다고 안내 방송이 나왔다. 그 방송을 들으니 신바람이 났다. 아이들은 "원광호, 너 웅변 이따 잘해." "알았어, 응." "박수 많이 칠게." 수다를 떨었다. 시간이 다 됐다.

　드디어 전교생은 운동장에 집합하라는 방송이 나온다. 금방 학생들은 평소대로 학년별로 나란히 줄을 맞춰 섰다. 1학년부터 강당으로 입장, 학년별로 책걸상 없는 마룻바닥 강당에 줄을 맞춰 앉았다. 사회자 김이수 선생님이 "지금으로부터 제○○주년 6.25를 맞아 귀래초등학교 전교 웅변대회를 시작하겠습니다."라고 말씀하셨다.

　먼저 국민의례가 있었다. 국기에 대한 경례, 애국가 제창에 이어 다음은 6.25 참전 전사하신 용사 앞에 묵념, 다음은 고 박광렬 교장선생님 말씀 순으로 이어졌다. 그때 교장선생님이 연단에 올라서서 웅변대회를 하는 이유를 설명하셨다. 이어 웅변대회가 시작되었다. 모두 편안한 자세로 앉으란다. 아이들은 금세 시끄러워졌다. "야, 야, 저기 봐. 저건 몇 학년 누구고, 누가 일등 할 것이다."라는 등 떠들어 댄다. 선생님이 조용히 하라고 야단친다. 연사는 매 학년에 한 명씩인데 1~2학년은 출전 학생이 없고 모두 3명에 우리 반에 나 말고 한 명이 더 있어 5명이다. 언제 연습을 했는지 생각보다 다들 잘했다. 나는 순번이 4번이다. 내 차례가 돌아왔다.

"다음은 6학년 원광호 학생이 「상기하자 6.25」란 제목으로 웅변을 하겠습니다." 소개를 하자 우리 반 아이들이 일제히 "와~!" 하고 소리쳤다. 나는 정신을 차리고 단상에 오르기 전 우선 교장선생님 쪽으로 두 손 모아 공손히 인사하고 단상 귀퉁이 끝에 서서 태극기를 보고 가슴 위에 대각선으로 바른 손을 얹어 경례한 후 단상에 올라서서 학생들을 보고 머리 숙여 인사했다.

그리고 탁상 앞으로 한 발짝 옮겨 가며 입을 열었다. 처음에는 아이들이 새카맣게만 보일 뿐 누가 누군지 구별이 안 된다. 긴장된 탓일까 얼떨떨했다. 그러나 잠시 후 제자리를 찾았다. 원고 기억이 잘 나고 연습 이상으로 "만장하신 학생 여러분!" 고함도 지르고 책상도 치고 할 것 다 했다. 중간중간 박수도 제일 많이 받았다.

이렇게 웅변대회는 금방 끝났다. 1등을 자신했다. 그러나 혹시 내 뒤의 우리 반 문 아무개가 잘할까 봐 걱정이 조금 됐다. 심사평 시간이다. 홍병희 선생님이 심사평을 하셨다. 나를 보고 원고 내용도 좋았고 음성, 태도, 감정, 반응도 좋았다고 했다. 7분 원고인데 8번 박수를 받았다.

아우성이다. 이렇게 해서 내 인생 최초 웅변대회요, 첫 1등이요, 첫 영광의 순간이 찾아왔다. 결국 나는 연설을 배우려고 교회를 열심히 다닌 덕분에 초등학교 때 1등을 하게 됐고 그 1등은 연단 체질로 단련시키는 동기가 되었으며 그 단련된 체질은 먼 훗날 전문 웅변가로서 1등을 차

지하는 최고의 희열을 느끼게 하였다. 또한 그 희열은 일상생활로 발전되어 참으로 가치 있고 즐겁고 보람 있었다.

    그리고 앞으로 대한민국에서 제일가는 연사가 되겠다는 꿈은 한시도 잊은 적이 없다. 지금 생각해 보아도 연설을 배우려고 열심히 교회에 다닌 것은 참으로 잘한 선택이었다.

월사금이 뭐길래

　전쟁을 치르고 살아 있는 것만도 감사할 일인데 학교를 다닌다는 것은 여간 기쁜 일이 아니다. 아침이면 먹을 게 없어 시래기죽을 먹고 책이라고 해 봤자 형님, 누나들이 쓰던 국어, 셈본, 자연 등 몇 권과 누런 갱지로 묶인 노트 한 권, 몽당연필 두 개, 고무지우개 하나면 족하고 이것들을 책보자기에 둘둘 말아서 허리에 매고 학교에 간다. 여기에 학교에서 배급으로 나눠 준 우유 가루를 항고(군용 밥그릇) 뚜껑에 물과 함께 부어 밥할 때 솥에 넣으면 누르스름하고 딱딱해져 이것을 깨서 주머니 넣고 학교를 오고 가며 우두둑우두둑 사탕 대신 깨물어 먹는다. 맛도 있고 일종의 간식으로 배를 채운다. 바로 이런 시절에 학교를 다닌다는 건 행운이다. 그러나 아무리 배고픈 시절이고 환경이 어려워도 월사금은 다달이 내야 한다. 4학년으로 기억된다. 하도 월사금을 못 내어 무려 열두 달이나 밀렸다.

박성깔 선생님이 잠깐 담임선생님이셨는데 이분은 오른손 둘째손가락을 기역 자 모양으로 꼬부려 지적해서 나오라 한 다음 매를 때리는 게 특징이다. 한번은 수업이 끝나고 손가락을 꼬부리며 나를 지적하더니 "교무실로 따라와." 해서 바로 교무실로 따라 들어가 선생님 책상 앞에 섰다. "원광호, 너 월사금 몇 달 안 냈지?" 아무 말 못 한 채 입을 다물고 있었다. "자그마치 열두 달이야." 하며 30센티미터 대나무 잣대를 들고 한 달에 한 대씩, 한쪽 볼에 여섯 대씩, 양쪽 볼을 맞았다. 방법은 왼쪽 손은 대나무 자 아래 끝을 잡고 오른손은 위 끝을 잡았다 튕기는 식으로 찰싹찰싹 양쪽 볼에 열두 대를 때렸다. 얼굴이 화끈거리도록 아팠지만 아픔보다는 여러 선생님과 학생이 드나들며 보는 앞에서 매 맞는 게 창피하고 괴로웠다. 그것도 얼굴을…. 내 볼엔 금세 주르륵 눈물이 흐르고 콧등이 시큰대며 눈물 콧물 범벅이 되었다. 내일 한 달 치라도 가져오라는 명령과 함께 "나가 봐." 소리에 무거운 발걸음을 교실로 간신히 옮겨 왔다.

이때 나는 결심했다 두고 보자. 반드시 선생님 앞에 성공한 모습으로 당당하게 나타나 이때를 말하겠다. 나는 오늘 있었던 아픔과 슬픔과 창피함, 그리고 일종의 복수심으로 가득 찬 분노를 가슴에 묻고 결심했다.

그 후부터 나는 습관적으로 '월사금이 뭐길래 열두 달 안 냈다고 열두 대를 맞아.' 억울함을 되새기며 이를 물었다. 이 같은 가난을 없애기 위해선 국회의원이 되겠다고 다부지게 결심했다. 그 길은 힘들고 고통스럽고 괴로운 고행의 반복이었다. 그야말로 지나오는 과정은 이루 말할 수 없는 길고 긴 시련의 굴이었지만 다부진 노력으로 굴을 빠져나와 보니 결국 고통은 크면 클수록 기쁨도 크다는 것을 알게 되었다.

결국 내 결심대로 나는 국회의원이 되었다. 갑자기 과거의 고생했던 학생 시절을 되새기게 되었다. 이런 생각, 저런 생각을 하다가 문득 박성깔 선생님이 떠올랐다.

그런데 마침 5월 15일 스승의 날이 되어 원주시 체육관에서 스승의 날 행사가 있었다. 나는 국회의원으로서 축사를 하게 되었다. 시간이 되어 행사장인 체육관에 들어가 행사 안내에 따라 단상 맨 앞 가운데 제일 높은 자리에 앉았다.

3월 24일 국회의원 선거로 당선되어 얼마 안 된 초선 의원이 고향인 원주에서 제일 높은 본부 상석에 앉아 아래를 내려다보니 흐뭇하다가 관내 초, 중, 고 선생님들이 마치 학생들처럼 줄을 맞춰 서 있는 모습을 보니 찡하고 갑자기 눈물이 나는 것을 간신히 참았다. 정신을 가다듬고 아래 서 있는 선생님들을 한 분 한 분 유심히 바라보고 혹시 저 중에 나를 가르쳤던 선생님이 안 계실까 은근히 기대하며 더욱 뚫어지게 살폈다. 거리가 멀어 아물아물해 확실히 보이질 않았다. 그런데 아니나 다를까. 내 눈에 김털털 선생님이 눈에 띄고 그 앞에 키가 조그마한 박성깔 선생님이 보였다. 바로 내려가 만나고 싶었지만 기념식이 시작되고 바로 축사를 할 순서가 되어 연단에 올랐다. 나는 주저 없이 "지금 제 앞에는 초등학교 시절 나를 직접 가르치셨던 스승님도 오셨습니다."라고 운을 뗀 뒤 "이와 같은 훌륭한 스승님이 계셨기에 오늘날 원광호가 존재합니다. 그래서 오늘 더욱더 여러 스승님을 존경합니다. 고마움을 잊지 못합니다."라는 말로 축사를 해 많은 박수를 받았다.

식이 끝나기 전 미리 계단을 내려가 선생님 줄로 찾아갔다. "선생님, 저 원광호입니다." 인사를 했다. 그리고 반갑게 손을 내밀고 악수를 청했다. 하지만 기대와는 전혀 다르게 왠지 얼떨떨하게 두 분 다 악수를 하고 더는 대화 없이 섭섭하게 헤어지고 말았다. 지금도 그 모습은 이해하기 힘들다. 나 같으면 "야, 네가 커서 이렇게 성공해서 만나니 더없이 반갑다. 광호야!" 하고 확 끌어안았을 텐데…. 그러면 나는 "예, 선생님, 이따 술 한 잔 대접하겠습니다."라고 했을 텐데…. 이런 대화를 주고받을 줄 알았고 할 말도, 자랑할 것도 많았는데 실망이 컸고 그렇게 헤어지게 돼서 너무 섭섭하고 괴로웠다. 박성깔 선생님은 많은 세월 속에 혹시 그날을 기억하고 있었을까? 못내 궁금했고 아쉬웠다. 지금은 어디서 어떻게 지내시는지? 건강도 궁금하고 찾아뵙고 싶은 마음이 간절하다. 혹시나 돌아가시지는 않았을까? 왠지 서글퍼졌다.

제 2 장

고달픈 중학생

고모님 양자

내게는 횡성에 사시는 고모가 계셨다. 아버지의 바로 위 누님이시다. 아이를 낳지 못해 자식이 없었다. 그런데 그 고모가 느닷없이 우리 집을 찾아와 고모부가 갑자기 돌아가셔서 홀로 외로워 아버지와 상의 후 나를 양자로 데려가기로 했다. 쌀밥에 대학까지 공부시킨다는 말에 식구들 모두 "잘됐다, 광호야. 그렇게 해라." 하고 권하였다.

거기다 고모네는 가겟방도 있어. 과자도 많고 노트, 연필 없는 게 없다며 꼬드겼다. 나는 가기 싫었지만 부모님과 식구들이 자꾸 가라고 해서 썩 내키지 않는 발걸음으로 가야만 했다.

사실은 당시에 교사가 최고인 줄만 알고 선생이 되려고 충주 병설중학교 시험을 보러 갔었다. 교사는 대부분 대학을 못 가는 사람들이 선택하는 진학길이므로 대학까지 보내 준다니 교사의 꿈을 포기하고 고모가 사시는 횡성으로 따라갔다.

가서 보니 가겟방에는 먹을 것이며 학용품까지 없는 게 없었다. 나는 열심히 고모님 말씀도 잘 따르고 물건도 잘 팔고 때로는 시내에 가서 물건을 도매로 떼어 와 깔끔히 진열, 정리하여 가게 분위기를 확 바꿔 놓았다. 시골 장날이면 학교 갔다 일찍 돌아와 쌀이고, 팥이고 이고 지고 팔려고 시내로 들어오는 사람들을 붙들어 물건 사는 일까지 곧잘 해서 고모는 아주 흡족해하셨다.

그런데 고민이 생겼다. 방이라곤 단칸방인데 낮이고 밤이고 투전꾼들이 끊임없이 방을 차지하고 있어 밤이면 눕고 잘 곳이 없었다. 가겟방 한구석에 대충 헌 이불로 가리고 잠을 자기 일쑤였는데 고모네 집은 제방 둑비탈에 세워진 흔히 부르는 하꼬방 집이라서 마루는 송판이 비틀어져 바람이 숭숭 들어와 책을 있는 대로 깔아 놓고 누워도 엄청나게 추워서 벌벌 떨다 잠이 들곤 했다. 하지만 투전꾼들은 새벽 한 시가 넘어 두 시가 지나도 일어날 생각을 안 하고 돈내기에 혈안이 되어 있었다. 이 문제로 고민하다가 한번은 편지를 써서 열두 시까지 화투를 마쳐 주시고 그래도 안 끝내면 경찰에 신고하겠다고 쪽지에 적어 방으로 집어넣었다. 아무런 반응이 없었다. 예고 시간보다 한 시간 반이 지나도 투전꾼들이 안 일어나자 문을 확 열고 들어가 군 담요 위에 깔려 있는 투전 돈 할 것 없이 확 뒤집어 팽개치고 집히는 대로 화투장을 모아서 앞내 다리 위로 달려가 강물에 내던져 버렸다. 그때 일어난 상황은 끔찍했다. 돈 딴 사람, 돈 잃은 사람 다 같이 화풀이 욕설에 고모마저 야단을 치셨다. 투전꾼 중에는 도박을 말려야 할 경찰서 김 형사, 이 형사, 동네 유지라고 거드름 피우는 사람, 한복에 갓쟁이 양반까지 다 섞여 있었다.

그때 어린 내게 퍼붓던 상스러운 욕설은 지금도 생각하면 소름이 끼친다. 그중에서도 내가 용서 못 할 투전꾼 오 모 씨가 있었다.

남자 바지 임자는?

　언제부터인가 잠에서 깨어 보면 벽에 남자 바지가 걸려 있었다. 과연 이 바지는 누구 것이며 어느 날은 보이고, 또 어느 날은 안 보이니 도깨비놀음인가 별별 생각이 다 들었다. 얼마 후 밥상에서 낯모르는 아저씨가 같이 밥을 먹는다. 이때부터 나는 미운털 박힌 찬밥 신세가 되어 괄시가 이만저만이 아니다. 일을 야무지게 잘한다고 늘 칭찬만 하시던 고모님은 사사건건 내 행동에 간섭하고, 꾸짖고 야단쳤다.

　이뿐이 아니다. 참외며 떡이며 특별한 음식과 과일은 말할 것도 없고 심지어 닭을 삶아 밥상에서 같이 앉아 먹는데도 "광호는 닭고기를 못 먹는다지." 하며 "여보, 당신 이거 먹어 봐.", 저거 먹어 봐." 주거니 받거니 뜯어서 닭 다리를 입에 넣어 주며 맛있게 먹고 있어 나는 코로 들어오는 닭고기 냄새에 밥상을 엎어 버리고 싶었다.
　어디를 쳐다보고 밥을 먹어야 할지, 어떤 반찬에 젓가락질을 해야 할지 몰라 미칠 지경이었다. 후딱 배만 채우고 얼른 일어서는 일이 다반사가 되었다. 한참 자라는 소년, 밥 먹고 조금만 지나도 배고픈 성장기에 나는 밥 먹는 시간이 고역이고 고문당하는 기분이 되고 말았다. 분하고 서러워 이 같은 사실을 아랫집 친구 의선네 어머니를 나의 어머니로 생각하고 고자질하곤 했다. 의선네 엄마는 내가 엄마처럼 따르던 분이다. 그 남자는 성이 오 씨인데, '씨' 자를 붙이기 싫고 또 고모나 오 씨가 못 알아차리게 의선이 엄마와 나는 호칭 암호를 오피큐알로 정하고 항상 오피큐알로 통했다.

"오늘은 오피큐알 안 왔니? 왔으면 여기서 애들하고 자거라." 따뜻하게 말씀하시며 밥도 챙겨 주시던 엄마였다. 당시 의선네도 위로 중선이, 의선이 아래로 임선이, 창선이, 문선이, 회선이, 애들만 여섯에 아버지, 어머니 모두 여덟 식구였는데 나까지 붙어서 밥을 먹으려면 정신이 없었다. 여간 힘든 일이 아니거늘 항상 변함없이 그렇게 나를 사랑해 주시던 고마운 어머니셨기에 지금도 그 모습을 잊을 수가 없다.

오피큐알은 물론 이제는 고모까지 합세하여 계속되는 잔소리에 내쫓으려 했지만, 나는 물러설 곳도 갈 곳도 없기에 버티기로 작정한 지 벌써 수개월이 되었다. 이제 갈 곳이라고는 의선이네 집뿐, 그러나 벼룩도 낯짝이 있지, 하루이틀도 아니고 포기해야만 했다.

결국 남자 바지 주인은 오피큐알 투전꾼, 오가로 고모님이 새로 만난 고모부가 되었다. 그는 내가 고모의 사랑을 받으며 학업을 평탄하게 할 기회를 박탈해 버리고 나를 내쫓는 주범으로 아주 용서할 수 없는 몹쓸 인간이었다.

쫓겨난 양자

하루는 아침 일찍 오피큐알(새 고모부)이 깨워서 일어나니 이제는 더 이상 도저히 못 보겠다는 식으로 이제는 대놓고 나를 귀래 고향 집으로 가라며 내쫓는 것이다. 나 또한 더는 눈칫밥을 먹을 수 없다는 판단에 하는 수 없이 엉성한 사과 궤짝에 책이랑 변변찮은 입던 옷 몇 가지를 집어넣고 송판때기로 덮은 후 못질을 하고 짐을 쌌다. 이 궤짝을 가지고 버스를 타고 귀래 고향으로 쫓겨 가는 것이다. 짐을 들고 가파른 비탈길로 올라가 원주행 버스를 기다렸다. 삼사십 분 후 기다리던 버스가 와서 궤짝을 옮겨 싣고 한참을 달려 원주 버스 정류장에 도착했다. 다시 한 시간 이상을 기다려 충주행 버스에 옮겨 타고 비포장도로를 터덜대며 가고 있었다. 흥업을 지나 양아치 고개를 넘는 순간 나도 모르게 눈물이 쏟아졌다. 창밖으론 변함없는 소나무들이 내 고향을 지키듯 푸르게 숲을 이루고 이따금 스치는 느릅재, 한치마을 집들은 포근한 내 고향 귀래 땅을 알리고 있는데 나는 반가워야 할 고향 땅을 쳐다보기가 왜 이리도 불안하고 겁이 나고 슬프고 괴로운지, 별별 생각을 다 하다 보니 벌써 귀래에 도착했다.

　내키지 않는 발걸음을 내딛고 무거운 궤짝을 끌고 내렸다. 막상 내려 보니 차부(버스정류장) 가게 강아지만 나를 알아본 듯 꼬리를 친다. 영양실조에 현기증이 나 반짝이는 별에 하늘이 노랗고 땅이 노란 차부 가게 앞마당이다. 이 궤짝을 들고 집에 들어설 용기가 나질 않았다. 갑자기 쫓겨나 짐을 싸 왔다 하면 내가 마치 잘못이라도 저질러서 쫓겨 왔나 할 것이고, 사실대로 말씀드리면 아버지와 고모님과의 관계가 불편해져 속상하실까 걱정이 되었다. 더군다나 당시 시골 농촌에서 스무 살만 넘어도 시집, 장가갈 나이라 서두르는 시대에 서른이 가까운 노총각 형님과 스무 살이 넘는 누님이 둘이나 있어 근심 걱정이 이만저만이 아닌데 나마저 걱정을 끼칠까 두려워 마음이 괴로워 집에 올라가기가 싫었다.

　한참을 망설이며 서성대니 차부집 옥순이 아버지가 "광호 왔냐? 밥 먹었냐?" 하시며 옥순이가 집에 있으니 들어가 밥 먹고 가라 하신다. "네." 대답하고 "이 궤짝 좀." 하며 차부 가게 귀퉁이에다 끌어다 놓고 옥순이네 집으로 갔다. 옥순이를 불러 밥을 달라 해서 먹고 나니 지친 몸에 그만 잠이 들었다. 옥순이는 내 초등학교 동창이다. 내친김에 저녁도 먹고 뭉그적대다가 늦게 가게에서 돌아오신 옥순이 아버지와 어머니와 함께 이 얘기 저 얘기를 하다 밤이 깊었다. 늦었다는 핑계로 쓰러져 잤다.

　이튿날 짐은 놔두고 빈손으로 백골 집으로 올라갔다. 아버지께서 "왜 왔느냐?" 하여 '농번기'라고 거짓말하고 큰누나에게만 사실대로 말하니

"아버지, 어머니, 아시면 안 된다." 하고 입을 막았다. 안 떨어지는 발길을 돌려 고모 집으로 다시 갔다. 이렇게 횡성 고모 집과 귀래 집을 왔다 갔다 세 번이나 반복했다. 더 이상은 못 견디겠다고 큰누나에게 말하니 역시 마찬가지로 "요즈음 아버지가 이상해지셔서 화만 내시고 저러다간 쓰러지신다." 하며 입도 뻥긋 못 하게 하여 나는 하는 수 없이 아무 말 못 하고 또 되돌아왔다. 나를 본 오피큐알은 눈빛이 달라졌고 고모 역시 나를 냉대했다.

내 집은 다리 밑 움막집

원주에서 횡성 입구에 있는 다리를 예부터 앞내 다리라고 부른다. 바로 다리 아래 비탈길을 내려가면 개납, 갈풍 동네 가는 길목 옆 가게가 내가 사는 집이다. 우선 잠잘 곳이 필요하다. 앞에 다리 밑 난간이 보였다. 내 키를 훨씬 넘는 세차게 흐르는 강물을 헤엄쳐 건너가 겨우 몸뚱이 하나 누우면 딱 맞는 넓이의 다리 밑 난간이다. 이곳에서 당분간 자리를 잡고 잠을 자야 했다. 천장 위로는 우르르 쿵쿵 지나가는 자동차 소리가 요란한 다리 밑 난간이다. 그러나 이것도 여름이 지나고 가을이 오면 추워 불가능하다는 걱정을 하고 있는데 벌써 가을이 지나 겨울이 오고 있지 않은가? 추위는 점점 더하고 불안하다. 오늘도 내가 누울 수 있는 다리 밑 난간을 향해 강가 비탈길을 내려가다 발걸음을 멈춘다. 다리 밑 움막집이 오늘은 유난히도 그리워졌다. 움막집이란 정확히 말하면 거지 집이다. 다리 밑 한쪽 시멘트 벽만 있고 나머지 삼면은 가마니때기를 쳐서 바람막이 벽으로 삼고 방바닥은 울퉁불퉁 자갈 바닥에 논에서 걷어 온 볏짚을 깔아 방바닥을 만들고 방문이라곤 가마니 한쪽을 매달아 놓고 드나드는 집이다. 이 집도 나보다 아래 동생뻘 되는 병기라는 아이와 그의 아버지, 둘이 살고 있는 임자 있는 집이다. 나는 병기 아버지에게 같이 좀 끼어 자게 해 달라고 사정을 했다. 병기 아버지는 쾌히 승낙을 하면서도 밥은 따로 얻어 와야 한다고 조건을 붙였다. "그럼요." 대답하고 세 명이 한 식구가 되어 웅크리고 잔다.

안쪽에는 병기 아버지가 자고 그다음은 병기, 그리고 나는 바람막이로 문턱에서 잔다. 이불 대신 가마니때기를 두 겹, 세 겹 덮고 자야 했다.

그때 '의자가 따로 있나, 앉으면 주인이지'란 노래가 한창 유행이었는데 나는 '거지가 따로 있나, 이런 게 거지이지'로 바꾸어 넋두리하며 비참하고 슬픈 나날을 보냈다.

이것이 고아 아닌 고아 신세가 되어 잘 곳도 먹을 것도 없는 깡통 거지의 시작이다.

고픈 배를 움켜쥐고 나는 눈을 감고 간절히 기도했다. "하나님, 어떠한 고통도 이겨 내게 해 주세요. 제발 잠잘 곳만이라도 주세요." 한참을 중얼거리다 눈을 크게 뜨고 무작정 둑을 걸으며 방황하고 있었다. 한참 걷다가 목적지가 없다는 것을 알고 다시 돌아섰다. 주머니에 빵 하나 살 수 있는 일백 환이 있어 앞내 다리 건너 교항리 가게로 가서 빵을 사 들고 나오는 길, 벽에 붙어 있는 광고가 시선을 끌었다. 읽어 보니 '한문 무료 지도' 벽보다. "옳다!" 나는 일찍이 어릴 때 한문 서당 선생님한테 천자문 개인 지도를 받은 바 있고 초등학교 학생기록부에 이름과 주소, 생년월일은 반드시 한자로 쓰게 되어 있어 선생님을 도와 기록부를 대필해 줄 정도로 한문에 깊은 이해와 흥미가 붙어 있었던 터라 여간 기쁘질 않았다. 더구나 한문이라면 글자 수가 한도 끝도 없거니와 안 쓰면 금방 잊어 획수나 변도 기억나지 않아 어려움이 있음을 알던 나에게는 배울 수 있는 기회가 여간 반가운 소식이 아닐 수 없었다.

적혀 있는 대로 주저 없이 교항리 제방 둑 아래 중학교 같은 반 유인현 집 건너 조그마한 오막살이집을 찾아갔다. 아무리 불러도 대답이 없다. 몇 번이고 찾아간 끝에 훤칠한 키에 수염도 덥수룩하고 국방색 잠바를 입은 분이 반가워했다. 방으로 들어가니 이름은 허일상이라 했다. 며칠도 안 돼 친해지고 사정을 다 털어놓으니까 나하고 같이 있자고 말해 "고맙습니다." 말하고 그 후 형제처럼 지냈다. 모여든 학생들에게 한문을 가르치는데, 너무나도 속필로 휘갈겨 써서 가르치는 방법은 나보다 못한 것 같았다. 하지만 선생님이시고 아는 것도 많고 말씀도 잘했다. 그렇게 집 없던 내가 잘 곳이 생긴 것이다. 얼마 후 선생님은 강의를 시작했는데 기가 막히게 "쐐쐐쐐…." 하며 힘차게 잘했다. 선생님은 전도를 목적으로 횡성에 온 분이다. 선생님은 가끔 춘천, 서울에서 회의가 있다 하고 가신다. 그럴 때마다 내가 선생님 대신 한문을 지도했다. 조교인 셈이다.

나는 그동안 먹을 것도 잠자리도 없어 불안했지만 이리로 거처를 옮기고 나서는 얼마나 편한지 모른다. 물론 여기도 먹을 거라고는 없고 덮고 잘 이불 하나 없다. 선생님이나 나나 생활필수품 자체가 없다. 부엌에 있는 숟가락도 냄비도 내가 와서 사 온 것이다. 반찬은 학생들이 사정을 알고 조금씩 가져오는 것이 전부다. 그때 한문을 배우던 영용이, 인현이, 상중이, 특히 은석이(횡성읍 아세아전파사 집 딸) 등이 도와준 고마움은 잊을 수가 없다.

    그런데 또 문제가 생겼다. 보증금 없이 월 오백 환 방세를 내는 날이 내일인데 서울 가신 선생님은 안 오신다. 며칠이 지나도 소식이 없다. 이 보금자리마저 잃을 판이다. 그제야 나는 알았다. 방세도 먹을 것도 나 스스로 해결해야 한다는 것을 알게 된 것이다. 나는 다급했다. 이때 나는 돌멩이라도 소화시킬 만큼 왕성한 소년 학생인데 먹을거리를 걱정해야 하는 현실이 너무나 가혹했다. 비록 잠자리는 해결되었지만 열다섯 소년은 유난히도 배고픔에 시달리고 힘들었다.

중학생이 고학

지금은 아르바이트라 하지만 그때는 학생이 할 수 있는 것은 고학이라 하여 버스에 올라 연필 파는 게 고작이었다. 나는 예기치 못한 고학 길목에서 살길이 막막하여 곰곰이 생각 끝에 어쩔 수 없이 버스에서 연필을 팔기로 작정했다.

이때부터 중학생이 고학생이 된 것이다. 지금은 문방구라는 학용품 전문 판매점이 있지만 그때만 해도 강원도 횡성은 생활품과 같이 파는 잡화상에 가서 물건을 사야 했다. 장사 밑천이 없으니 학용품을 마련할 돈이 없어 주인을 찾아 외상으로 사정하였으나 들어 줄 리 만무한데도 혹시나 하고 해 보았다. 한마디로 거절당하고 허름한 가게를 찾아 사정하니 선뜻 물건을 내주며 열심히 하라고 격려까지 해 주셨다. 나중에 알고 보니 같은 반 친구 남상익의 작은 아버지였다.

나는 '고학생 호소문'을 만들어 횡성읍에서 출발하는 버스에 올라 한참 달린 후 '이 정도 왔으면 아는 사람(우리 학교 학생)이 없겠지.' 하고 마음이 놓이면 그때부터 버스 손님들에게 등사한 호소문 종이를 나눠 주고 "나는 근로고학연맹 중학생 원광호입니다." 일장 연설 후 연필을 팔았다. 하지만 대부분 시골 사람들이라 현금을 여유 있게 주머니에 넣고 다니는 분들이 흔하지 않기에 많이 팔지는 못했다. 그러던 어느 날 문제가 생겼다. 버스 손님 중 한 아저씨가 '재건'이란 담뱃갑을 들고 "너 이거 보여?" "네, 보여요." "이게 뭐야?" "재건 담배입니다." "그런데 왜 연맹이라 했어." 하며 따지는 게 아닌가. 내가 나눠 준 호소문에 근로고학연맹 소속이라 표시한 것을 맹인으로 오해한 것이다.

뿌연 먼지 속에서 터덜대는 버스가 이리 틀고 저리 트는 순간 나는 한 손에 호소문, 또 한 손에 연필을 들고 순간순간 손잡이를 놓치고 비틀대다가 중심을 잃고 넘어지기를 반복한다. 이도 못 할 짓이다. 한번은 동아대학교 학생이라는 선배 고학생이 이 코스는 내 구역이라고 하지 말라는 것이다. 이래저래 버스에서 연필 파는 고학은 접기로 했다. 그다음으로 연구한 것이 책가방 고학이다. 휴일이 돌아오면 가방에 있던 책을 모두 방바닥에 쏟아 놓고 그 안에 당시 인기였던 검은 올리브 벌꿀 비누, 개떡 비누라고 부르는 검은 세탁비누, 바늘, 실, 구리무(지금의 크림), 연필, 성냥, 시골에서 잘 팔리는 것만 골라 도매로 사서 넣고 아는 사람 볼까 두려워 버스를 타고 일이십 리부터 멀리는 삼사십 리 되는 시골 동네 적당한 곳에 내려서 집 집마다 들어가 팔았다.

농촌에는 현금이 없어 대부분 옥수수를 정식 표준 됫박 없어 그저 시골에서 박을 켜 만든 쪽박 바가지에 한 되가 훨씬 넘게 푹 퍼서 주고 연필 한 자루 주면 몇 곱이 남는 장사였다. 해가 넘어가 어두워질 때까지 이 집 저 집 찾아 팔면 옥수수가 두 자루가 된다. 이 옥수수 한 자루를 칡을 돌멩이로 끊어 멜빵을 만들어 짊어지고 언덕을 넘어 비탈길 고개까지 갖다 놓고 다시 내려와 또 한 자루를 짊어지고 다시 고개를 올라가 지나가는 차를 미친 듯 손을 흔들어 세워 줄 때까지 반복했다. 지금처럼 차가 자주 다니는 게 아니라 일이십 분 지나야 한 대 지나갈까 말까 하는 정도였기에 여간 고생이 아니었다.

그 옥수수를 다시 미곡상 가게로 가져가 밀가루로 바꿔 오는 것이다. 그 밀가루조차 아까워 수제비는 아예 못 해 먹고 풀을 쒀서 소금을 뿌려 후루룩후루룩 마시는 것으로 만족해야 했다. 이것도 여간 힘든 게 아니다. 궁리 끝에 아이스케키 통을 메게 된다.

아이스케키(아이스케이크)

　중학생이 돈을 버는 길은 막막하다. 바로 그때 "아이스케키~ 얼음과자~" 외치며 지나가는 아저씨를 멍청하게 바라보고 나는 목소리가 크니까 잘 팔 수 있을 터인데 고민하고 있었다. 그러던 어느 날 개납이라는 아랫마을 사는 정호근이란 친구가 우리 집 앞을 지나가기에 "호근아, 너 어디 가니?" "어~ 나 아이스케키 장사하러 가." "그래? 나도 가면 안 돼?" "왜 안 돼?" "같이 갈래." "그래, 같이 가자." 하고 아무 준비 없이 따라나섰다. 내가 사는 곳에서 횡성읍까지는 약 3km 정도 되는 가까운 거리였다. 오전 10시경이었는데 횡성읍 입구에 있는 아이스케키 공장 앞에는 벌써 일찍 온 사람들이 줄을 서 있었다. 묵직하게 생긴 짐 자전거도 여러 대 서 있고 대부분 아저씨들이 많았다. 학생은 호근이, 나 그리고 모르는 형뻘 되는 학생 몇 명이 보였다. 나도 호근이 뒤에 서서 차례를 기다렸다. 호근이 차례가 되어 호근이는 50개를 받았다. 내 차례가 되었다. "너 처음 왔지?" "네." "학생증." "안 가지고 왔는데요." "안 돼." 나는 학생증을 맡기고 가져가는 것을 몰랐다. 옆에서 나를 기다리고 있는 호근이를 불렀다. "학생증이 없어 안 된대." 하니까 호근이가 와서 "얘 내 친구인데 착해요. 저 보고 주세요." 호근이는 오래 거래해서 잘 아는 사이였다. "그래 몇 개 줘?" 해서 대뜸 호근이보다 더 잘 팔 수 있다는 생각에 "100개 주세요." 하니까 주인은 기가 찬지, 어이없이 쳐다보다가 "뭐? 100개?" "얘 인마, 얘는 잘 파는 데도 50개 가져가는데 너는 초짜가 뭐, 100개?" "10개 가져가, 인마!" 하며 10개를 담아 주었다.

　속으로 '나는 뭐든지 남보다 더 잘할 수 있는데.' 중얼거리고 호근이와 출발했다. 아니 그런데 이게 웬일인가. 평소에는 "아이스케키~ 얼음과자~" 하며 호근이 흉내도 잘 냈는데 막상 아이스케키 통을 둘러메고 나니 영 소리가 안 나온다. 아니, 내가 누구보다 발성 연습으로 목청을 다진 웅변가라 목소리도 크고 발음도 정확한데 오늘은 왜 "아이스케키~ 얼음과자~"가 안 될까? 몇 번이고 소리를 내려 해도 영 목소리가 나오지 않았다. 고민하며 호근이 뒤를 따라가는데 어디서 "아이스케키~" 소리 지르며 불렀다. 나는 얼른 뒤돌아 "네." 대답하고 뛰어갔다. 아니, 불러 놓고 집 안으로 들어가고 없어졌다. 뭐 이래. 놀림을 당한 것 같았다. 한참 있다 돌아서는 순간 "여기요." 하며 내미는 게 빈 병과 다 떨어진 고무신이었다. 맞다. 그때는 현금이 귀한 때라 거의 마루 밑에 처박아 두었던 빈 병이며 고무신, 심지어 고추씨도 내주고 아이스케키로 바꿔 먹던 시절이었다. 나는 고물 가격도 모르고 아이스케키 두 개를 주니 더 달라 한다. 나는 안 된다 실랑이하다 더 주고 호근이를 놓칠까 부지런히 뛰어

갔다.

　그때는 왜 그리 아이스케키 통이 무거운지 땀으로 옷을 흠뻑 적셨다. 다시 쉴 사이 없이 호근이를 따라가는데 또 뒤에서 "아이스케키~" 하며 불렀다. 얼른 뒤돌아 뛰어가니 호근이도 따라왔지만 내가 벌써 아이스케키를 꺼내 준 뒤였다. 그때 호근이가 화를 내며 "너는 왜 내 뒤만 따라오며 소리도 안 지르고 내가 소리 지르면 네가 파느냐?" 하며 여간 성질내는 게 아니었다. 그렇다. 장사를 하게 해 준 고마운 호근인데 아무리 친구라도 내가 잘못한 것이다. 금방 무안함에 잘못을 깨닫고 "미안해." 하니까 "됐어, 나는 이 길로 갈 테니 너는 저쪽으로 가." 한다. "알았어." 대답하고 터덜터덜 걸으며 앞을 보니 호근이가 가는 길은 집이 많은데 내가 가는 길은 집도 띄엄띄엄 있고 조용하고 아이스케키를 살 것 같지 않아 불안했다. 하지만 계속 걸을 수밖에 없었다. 소리 지르는 것은 아예 포기하고 힘없이 걷다 보니 성당 마당으로 이어지고 길이 없다. 마당에는 신부님과 수녀님 몇 분이 풀을 뽑고 있었다. 아이스케키 통만 메고 말 없이 교회 마당을 빙빙 도니까 신부님이 불렀다. "학생, 이리 와 봐. 너는 왜 아이스케이크는 안 팔고 마당에서만 빙빙 도니?" 물으셨다. 나는 "그게 아니구요. 저, 저…." "그러니까 말해 봐."라고 하신다.

　"실은 제가 아이스케키 장사를 처음 나와 소리가 안 나와서 그래요." 하니까 모두 웃으며 "그랬구나. 하나도 못 팔았니?" "아니요, 세 개 팔았어요." "그럼 우리 하나씩 줄래?" "네." 하고 아이스케키 통을 열어 하나씩 드렸다. 다섯 개를 주고 나니 두 개가 남은 것이다. 신부님이 "너도 하나 먹으렴." 하셨다, "아니요." 하고 남은 두 개를 꺼내 드렸다. "아니, 왜?" "너무 고마우셔서요." 신부님은 아이스케키 일곱 개 값을 주시고 "그런데 말이야, 너는 아까부터 아이스케키, 아이스케키, 하는데 그것은 일본 사람들이 쓰는 말이고 영어로는 아이스케이크이고 우리말로는 꼬챙이로 끼워 만든 얼음과자란 뜻이야, 알겠니?"

"그러니 이제부터는 일본 말 쓰지 말고 '아이스케이크' 하든지, 어려우면 '얼음과자'라고 해." 하고 일러 주셨다. 나는 그제야 비로소 확실하게 아이스케키가 아닌 '아이스케이크'란 것을 알 수 있었다. 그리고 "너는 착한 학생이야." 하시며 내 손을 잡아 주시고 이것저것 물으셨다. 그리고 말씀하셨다. 말씀 중에 반가운 소식이 있었다.

"매주 일요일, 주일날에는 이 마당에서 옥수수죽을 쒀서 나눠 주니 너도 와." 하시었다. 나는 "아무나 주나요?" 되물으니 "그럼, 죽 담을 그릇을 가지고 와." 하셨다.

나는 그다음부터 주일날만 되면 옥수수죽을 받아먹으러 성당에 찾아갔다.

나는 그렇게 아이스케키 파는 장사는 포기하고 말았다. 첫째는 창피해서 소리가 안 나오고, 둘째는 두꺼운 나무 상자에 겉으로는 함석으로 둘러싸 만든 통이 너무 무겁고, 셋째는 빈 병, 고무신, 별별 고물이 다 나와 가격도 모르는 데다가 그것도 한 짐으로 힘이 들어 할 수 없었다. 다른 장사를 택해야 했다.

겨울에는 메밀묵부터 호떡 등 닥치는 대로 장사도 해 보았다. 나는 이렇게 해서 어릴 적부터 여러 경험을 통하여 돈의 소중함도 알고 고생이 무엇인지를 알아 가고 있었다. 아이스케키는 나에게 소중한 돈의 가치를 알게 해 주었다.

중학생이 막노동

추억이란 묘한 마력을 지니고 있다. 그것이 어떤 고독이든, 슬픔이든, 뼈저린 고통의 세월이었던 지난날을 떠올리면 막연한 그리움으로 남게 하는 마력이 있다.

나는 국회의원이 되자 횡성중고등학교 총동창회 고문으로서 개교 50주년을 맞아 50년사 발행 책자에 재학 중 회고록 원고를 내 달라는 요청을 받았다.

나는 원고를 쓰기 위해 지난날의 추억을 되새겨 보았다. 고민하다 문득 중학생 어린 몸으로 제방 둑 공사장에서 막노동했던 지난날의 슬픈 역사가 떠올랐다. 이를 회고록으로 쓰기로 작정하고 1993년 3월 17일 손수 운전하고 내가 등짐으로 흙을 퍼다 쌓아 올린 횡성 앞내 다리 제방 둑을 찾았다. 감개가 무량했다. 제방 둑을 걸어 남산마을 입구까지 돌아보고 되돌아왔다.

횡성은 내 인생에서 가장 중요한 시기의 빛과 그림자인 셈이다. 고향이 가고 싶어도 갈 수 없는 이북 땅에 있는 것도 아닌데, 바쁜 생활 속에 내 고향을 잃고 살아왔다. 그러나 가슴 깊은 곳에 바위처럼 단단히 자리한 추억 속의 고향은 문뜩문뜩 내 가슴을 뭉클하게도 한다. 그 시절이 지금의 나를 있게 하는 거름이 될 줄이야 누가 알았겠는가. 그 시절은 참으로 배가 고팠다. 돌멩이도 소화시킬 수 있다는 건강한 소년 시절, 나에게는 유난스럽게 배고픔에 시달렸던 시절이었다. 나는 배고픔을 해결하고 학교에 다니기 위해 고학도 해 보고 무슨 일이든 가리지 않았다.

집에서 앞내 다리 하나 건너면 제방 둑 공사가 한창이었다. 요즘처럼 굴삭기(포클레인) 장비로 쉽게 둑을 쌓을 수 있는 것이 아니고 인근 마을 사람들이 지게로 흙을 지어 날라 쌓는 품팔이 공사였다. 나는 일요일이면 어른들 틈 속에 끼어 흙 나르기를 해야만 했다.

공사 방법은 사방 1.5m에 깊이 30cm 크기의 두꺼운 나무 상자에 주변 논밭의 흙을 지게로 짊어지고 가져다가 상자를 가득 채우면 그 대가로 25환짜리 차표 한 장 크기의 전표 한 장을 받는다. 그 전표 다섯 장을 모아야 겨우 한 됫박에 120환 하는 미국 밀을 받을 수 있었다.

그런데 하루는 흙짐을 지고 왼쪽 무릎을 꿇고 지게 작대기에 힘을 바짝 주고 일어나는 순간 새로 산 바지 무릎이 우지직 찢어지고 말았다. 그 당시 밀 한 됫박이 120환이고 교복 바지가 새로 사려면 1,700환이었으니까 전표를 70장 모아야 하고 70장을 모으려면 15일 일을 해야 바지값을 버는데 돈을 벌기는커녕 바지만 버리고 고생만 죽도록 했다. 이날 너무 속상하고 억울하고 가난의 슬픔으로 울고 또 울었다. 아마도 그때까지의 인생살이에서 처음 겪는 일로 가장 비통하게 울었던 것으로 기억한다. 아침에 허기진 배를 움켜쥐고 책가방을 두 손으로 끌어안고 걷다 보면 눈앞은 안개가 서려 있듯 희미하여 허둥지둥 발걸음을 옮겨 걸었다. 그러나 학교로 향하는 마음은 희망이 있어 용기를 내게 된다. 이 제방 둑은 나에게 있을 수 없는 쓰라린 고통의 세월을 안겨 주었고 지금은 아름다운 추억거리로 사연과 함께 사진도 한 장 남기게 했다. 그때 적은 회고록과 사진 한 장은 횡성중고등학교 개교 50년사 책에 실렸고 나는 책꽂이에서 유난히 빨간 표지에 금박 글씨로 반짝이는 50년사 책을 꺼내 보고 혼자 울고 웃고 회상에 젖었다.

중학생 때 막노동으로 쌓은 둑에서

아~! 이 제방 둑은 막노동 품팔이를 했던 곳이요, 뒤에 소개된 토마토 도둑 사건의 생명을 건진 장소요, 장마 속 홍수에 앞내 다리가 차오르며 세차게 흙탕물이 우르르 쿵쿵 돌이 굴러가며 천둥 번개가 칠 때 둑에서 삶을 포기하고 뛰어들려고 마지막 고함을 질렀던 그날을 되새기게 하는 곳, 어린 나이 중학생이 감당하기 어려웠던 역사의 현장이 지금은 오히려 사랑하는 아내와 아들딸을 데리고 고단했던 추억의 이야기로 꽃피우는 횡성 앞내 다리 제방 둑이 되었다.

토마토 도둑

사람의 운명은 순간에 결정된다. 중학교 2학년생으로 고학을 하며 횡성읍 교항리 변전소 옆 경환이네 집 문간방에서 세를 살 때였다.

장마가 계속되고 바람이 거칠게 몰아치는 날이었다. 변전소에서 흘러나와 윙윙 귓전을 파고드는 소리와 금방 벼락이라도 내리칠 것 같은 요란한 천둥 번개는 나를 웅크리게 만들었다. 공포에 질린 나는 장사를 못 나가니 집에 먹을 거라고는 아무것도 없어 물로만 배를 채운 지가 사흘째이다. 나는 어서 비가 그치기를 간절히 기도하였으나 비는 그치지 않고 배에서는 계속 꼬르륵 소리만 나고 배가 고파 견딜 수가 없었다. 이대로 있다가는 그냥 쓰러져 죽을 것만 같았다. 나는 살아야겠다는 결심으로 굶주린 배를 움켜잡고 휘청거리는 다리에 힘을 주고 일어나 무작정 집을 나왔다.

제방 둑길을 한참을 걷다 보니 개울 건너 원두막이 보였다. '저 원두막 아래는 분명히 참외나 수박이 있을 것이다.' 생각하며 하염없이 긴 둑

길을 걸었다. 둑길을 한참을 걸은 후, 원두막으로 가려면 장마로 물이 불어난 개울을 건너야 했다. 나는 강둑에 교복 바지를 벗어 놓고 속옷만 입은 채 정신없이 헤엄쳐 건넜다. 원두막은 저 멀리 있고 아카시아나무를 잘라 뾰족한 가시가 촘촘히 박혀 있는 울타리가 보인다. 하지만 나로선 선택의 여지 없이 울타리를 넘어야만 했다.

워낙 배가 고픈지라 허벅지가 찔리고, 긁히고, 온몸이 상처투성이가 되어도 가시울타리를 넘어갔다. 그런데 이건 참외밭이 아니라 온통 토마토밭이 아닌가! 나는 토마토든 참외든 상관없이 밭고랑에 털썩 주저앉아 두 손으로 허겁지겁 토마토를 따 먹었다. 그렇게 걸신들린 듯이 토마토를 먹다 보니 이쪽저쪽으로 빨갛게 익은 토마토가 보였다. 그러고 보니 지금껏 익지도 않은 시퍼런 토마토를 따 먹은 것이다. 굶주린 배를 채운 나는 입고 있던 러닝셔츠를 벗어 한쪽을 묶어 자루를 만들고 빨갛게 익은 토마토만 골라서 따 담았다. 나는 한 자루가 된 토마토를 들고 또다시 가시넝쿨 울타리 앞에 섰다. 이미 긁힌 다리에 피가 맺힌 상처투성이 몸이 또다시 찔리고 긁힐 것을 생각하니 울타리를 넘기가 싫어졌다.

잠시 주춤하는 순간 나는 토마토 자루를 들고 있는 내 손이 보였고 원두막을 쳐다보니 와락 소름이 끼쳤다. 토마토를 훔친 도둑놈이 아닌가? 나는 어릴 적 아버지로부터 삼강오륜, 『도덕경』에 이르기까지 듣기 싫을 정도로 밥상머리 교육을 받으며 자라 왔고 스스로 올곧다 자부해 온 터라 더욱 겁이 났다. 어떻게 할지 몰라 망설이던 나는 '차라리 원두막에 찾아가 사실대로 말하고 용서를 빌며 나중에 장사해서 갚겠다.'라고 하든지 '농사일을 도와주겠다.'라고 사정해 보기로 했다.

나는 토마토 자루를 어깨에 멘 채 무거운 마음으로 밭고랑을 헤쳐 원두막으로 갔다. 다리가 질질 끌리듯이 무거웠다. 원두막 아래까지 왔으나 아무도 없는 것 같아 "계세요? 계세요?" 주인을 찾았다. 이윽고 원두막에서 낮잠을 주무시던 할아버지가 "누구슈?" 하기에 나는 대답도 못 하고 "저, 저…." 우물쭈물했다. 웬일인가 싶어 그런 나를 물끄러미 내려다보시던 할아버지가 올라오라며 손짓을 하셨다. 토마토 자루를 들고 올라가 큰절을 하고 무릎을 꿇은 채 사정 이야기를 하고 용서를 빌었다.

한참 뚫어지게 나를 보고 계시던 할아버지는 야단도 안 치시고 갑자기 건너편 살림집을 향해 "여봐라." 하고 누군가를 불렀다.

"네, 아버님." 하면서 부엌에서 나오는 아주머니에게 "얘야, 거 먹다 남은 찬밥이라도 있으면 내와라." 하셨다. 아주머니는 "아버님, 아까 점심 진지 드셨잖아요." 하자 할아버지는 "내가 가져오라면 가져와!" 하고 다시 목소리를 높이자 얼마 후 아주머니는 양푼 그릇을 들고 오셨다. 그 양푼 그릇에는 강조밥에 손가락보다 굵고 긴 풋고추와 호박잎과 된장이 담겨 있었다. 할아버지는 양푼 그릇을 내 앞으로 밀어 놓으시며 어서 먹으라고 권하셨다. 아니 이게 웬 진수성찬인가. 도둑질을 했으니 야단맞을 각오로 고백하고 용서를 빌었는데 꾸중은커녕 굶주린 배를 채워 준 두 분의 따듯하고 한없는 사랑이 너무나도 고마워 나는 울컥 목이 메었다.

방금 토마토로 잔뜩 배를 채운 터라 "먹다 남은 밥을 가져가도 되나요?" 하고 할아버지께 여쭈었다. "아, 그럼." 하시기에 나는 얼른 밥 덩어리와 고추, 그리고 된장을 호박잎에 싸서 러닝셔츠 자루에 넣었다. 나는 부자가 된 기분으로 할아버지께 감사의 인사를 드리고 가벼운 마음으로 원두막을 나섰다.

강물에 떠내려가

밭길을 걸어 나와 강가 앞에 섰는데 문제가 생겼다. 갑자기 컴컴해지고 천둥 번개가 친다. 장대비가 쏟아진다. 상류인 청일면, 갑천면 쪽에 폭우가 쏟아져 갑자기 강물이 불어난 것이다. 흙탕물에 물살도 엄청 드세졌다. 어쩌나 망설이며 서 있던 나는 결심을 하고 토마토와 밥을 담은 러닝셔츠 자루를 두 손 높이 치켜들고 강물로 조심조심 들어섰다. 강물 중간쯤 건너갈 때였다. 거친 물살에 견디지 못하고 나는 힘없이 밀리며 떠내려가기 시작했다. 그 바람에 아까운 밥 덩어리와 토마토를 담은 러닝셔츠 자루를 놓치고 말았다. 정신없이 허우적거리며 떠내려가던 나는 간신히 버드나무 가지를 붙잡았다. 있는 힘을 다해 잡아당겨서 겨우겨우 강가로 나올 수 있었다. 정신을 가다듬고 둘러보니 강을 건너기 전에 벗어 놨던 바지가 있던 곳에서 1킬로미터 정도 떠내려온 것 같았다.

나는 살았다는 안도감과 밥 덩어리와 토마토를 잃었다는 아쉬움이 혼재된 기분으로 다시 벗어 놓은 교복 바지 있는 곳으로 서둘러 찾아갔다.

다행히 바지는 떠내려가지 않고 벗어 놓은 그 자리에 그대로 젖어 있었다. 교복 바지의 물기를 꽉 짜서 입고 소나기를 맞으며 집을 향해 걸었다. 몸은 추워지고 주변은 점점 캄캄해졌다. 이제 제방 둑길마저 보이지 않았다.

캄캄한 밤길에 어쩌다 멀리 떨어진 다리 위를 이따금 지나가는 자동차 불빛에 잠깐 길을 보고 뛰다가 어두워지면 서 있다가, 불빛이 비치면 또 뛰고를 반복하면서 겨우 집에 도착할 수 있었다. 젖은 옷을 갈아입었지만 몸이 저절로 웅크려진다.

방바닥은 불을 땐 지가 워낙 오래되어 온기가 없어 여간 차갑고 눅눅한 게 아니다. 땔감이 있는지 서둘러 부엌으로 가 보았다. 안집과 같이 쓰는 부엌인데 연탄을 때는 집이라 땔감은 없고 빗자루 하나가 보였다. 급한 마음에 그 빗자루에 불을 붙여 아궁이에 넣었다. 빗자루가 다 탔지만 방바닥은 냉기가 여전했다. 너무나 한심스러웠다.

방바닥에 깔 요는 물론이고 이불 하나 제대로 없는 터라 하는 수 없이 몇 개 안 되는 옷을 다 꺼내 겹겹이 껴입었다. 그리고는 방 안의 책을 몽땅 바닥에 깔아 놓고 그 위에 쪼그려 누웠으나 다리며 어깨는 나오고 추위는 점점 심해져 몸을 덜덜 떨기 시작했다. 조금 있으니 배에서는 꾸르륵꾸르륵 소리가 요란하며 배가 아프기 시작했다. 추위와 설익은 토마토를 따 먹은 것이 그만 배탈이 난 것이다. 급하게 설사를 할 것 같아 화장실로 뛰어나가기 위해 마루 문을 여는 순간 그만 설사를 하고 말았다. 이른 새벽 자전거로 원주 태장동 미군 부대로 출근하시는 안집 주인아저씨가 잠에서 깰까 봐 조용히 설사한 흔적을 말끔히 닦아 낸 후 배를 움켜쥐고 방으로 들어왔다. 아픈 배 때문인지 고단한 서러움 때문인지 닭똥 같은 눈물이 솟구쳐 손등 위로 뚝뚝 떨어졌다.

나는 그때 토마토를 훔쳐 잠시나마 괴로웠던 경험에서 귀중한 교훈을 얻었다.

옛말에 "사흘 굶어 도둑질 안 할 사람 없다."라는 말이 있다. 나는 그 말을 "사흘 굶는 한이 있어도 절대 도둑질은 안 된다."로 바꾸고 새 삶의 교훈으로 삼아 올곧게 살리라는 강한 결심을 했고 그 강한 결심은 내게 깡통 거지의 선택도 마다하지 않게 했으며 그 결심이 오늘의 나를 있게 한 원동력이 되었다.

돌이켜 보면 토마토밭에서 그냥 달아나지 않고 용기를 내어 무릎을 꿇고 용서를 빌었던 소년이었던 나 자신에게도 고마운 마음이 든다. 비록 나이 어린 판단이었지만 퍽이나 다행스럽고 잘한 생각이었다. 오늘 이 시간도 스스로를 위로하며 다시 한번 토마토 도둑이 될 뻔한 그날을 되돌아보면서 순간의 선택이 얼마나 중요한지, 그 순간의 결정으로 사람의 운명이 얼마나 달라지는지를 뼈저리게 느낀다.

훗날 알게 됐지만 그 할아버지는 나와 같은 중학교 2학년 한 반 친구, 이재경의 할아버지셨고 아주머니는 재경이 어머니셨다. 나는 그 후 토마토밭에 가서 일도 하고 보리밥, 쌀밥도 많이 얻어먹었다. 그날 내가 마치 당신 손자 같아 보여 온정을 베풀었을 그 어른을 자주 찾아뵙지 못하고 살아온 내 부덕이 새삼스레 원망스럽다. 이제 이승을 뜨셨을 테니 후회하기엔 세월이 너무 많이 흘렀다.

배고픈 절규

배고픈 절규! 그렇다. 나는 배고픔과 괴로움, 외로움, 고통을 느낄 때면 하느님이든, 부처님이든, 예수님이든, 누구든 상관없이 "왜 나를 이렇게 힘들게 시험하십니까?" 하며 한없이 원망도 하고 화도 내보고 소리쳐 봤다.

이 피맺힌 절규가 웅변 연습이 되고 이 연습으로 웅변 선수가 될 줄 어찌 알았겠는가? 이것이 좌절에서 나를 일으켰고 절망에서 희망으로 내 자존심을 지켜 주었고 깡통 거지 소년의 꿈을 키워 주어 국회의원까지 하게 하였다.

지금 생각해 봐도 참으로 잘한 일이다. 텅 빈 교실에서, 때로는 공동묘지에서, 강변에서 마음껏 소리 지르고 할 말이 없으니 자연히 '여러분'도 '여' 자, '러' 자, '분' 자를 한 자 한 자, 큰 소리로 반복한다. 날이 어두워 원고가 안 보이고 아는 거라고는,

가, 나, 다, 라, 마, 바, 사, 아, 자, 차, 카, 타, 파, 하, 한글 자음 14자

와 그리고 아, 야, 어, 여, 오, 요, 우, 유, 으, 이, 모음 10자뿐이니 이 글자들을 반복해서 소리 내다가 가에 기역을 붙여서 각이 됨을 알았다.

그다음은 각, 낙, 닥, 락, 막, 박, 삭, 악, 작, 착, 칵, 탁, 팍, 학, 자가 만들어짐을 알았고 그다음은 자음, 쌍자음, 모음, 겹모음 받침을 있는 대로 붙여 보니 이것이 한글의 조직 원리임을 깨달았다.

그래서 뒤에 소개되지만 한글 자모판 개발과 『이것이 한글이다』 책을 펴내고 이를 바탕으로 과학기술처 한글표준위원으로서 현재 우리가 편리하게 쓰고 있는 컴퓨터 한글 표준 시안 작업에 공헌하게 되었다. 뿐만 아니라 이것이 바탕이 되어 세계 최고 문자를 아는 사람으로 기네스에 도전, 성공하고 대통령 포상까지 받는 영광을 얻게 되었다. 이 영광으로 오늘날 해외 순회 국제 강사로서 참으로 가치 있고 보람 있는 활동을 하고 있다.

나는 일찍이 이 모든 글자를 배고픈 절규를 쏟아 내는 도구로 삼고 큰 소리로 발성 연습을 하며 발음을 똑바로 내는 데 총력을 기울여 연습한 것이 웅변 연습이 되고 그 반복된 연습이 웅변 1등을 안겨 주는 결과가 되었다.

되돌아보면 나는 횡성에서는 처음으로 횡성중고등학교 교내 웅변대회에 나갔는데 21명 연사 중 당당히 1등을 하여 인기가 높았다. 그 후부터는 교내 웅변대회는 물론 횡성 관내 학생 웅변대회에 나가면 무조건 1등으로 소문이 쫙 퍼져 특히 우리 학교 건너편에 있는 대동여중 등 여학생에게는 여간 인기가 높은 게 아니었다.

그 속에는 그토록 지긋지긋한 배고픔도 있었지만 결코 나쁜 추억만 있는 것은 아니었다. 나의 꿈을 펼치려 발버둥 치던 시절에 내 가슴에도 잊지 못할 아름다운 추억이 있었고 그 추억은 지금도 가슴을 설레게 한다.

그날도 횡성읍 태풍극장에서 관내 웅변대회에서 당당하게 1등을 하여 많은 박수를 받으며 상장과 상품을 받고 집을 향해 걷고 있었다.

사방이 푸른 플라타너스 가로수 잎이 바람에 살랑대고 새들은 행복을 노래하듯 지저귈 때 여학생들은 내가 지나가는 길목에 예쁜 포장으로 정성스럽게 싼 선물을 놓고 길 아래 도랑에 숨어 지켜보고 깔깔댔다. 또한 오빠, 동생, 친구 하자는 편지가 내 마음을 들뜨게 하였고 그중에서도 대동여중 은석이는 내 마음을 따듯하게 녹여 주었던 여자 친구였다.

뿐만 아니라 방과 후 교실에 남아 웅변 연습을 하고 있다 보면 고등학교 누나들이 우유며 빵을 사다 주고 열심히 하라고 격려해 주니 그 어느 때보다 그 누구보다 응원했던 누나들이 고마웠다.

그래서 나는 더욱더 용기를 내어 배고픈 절규를 쏟아 냈고 그 후 나에게 웅변은 뭐며 잘하는 비결이 뭐냐고 물으면 당연히 웅변은 재주가 아니라 가슴으로 말하는 게 웅변이요, 잘하는 비결은 나의 배고픈 절규요, 나의 삶의 외침이라 말하고 싶었다.

바로 그 절규가 나를 성공시켰다고 확신한다.

난생처음 신문에

나는 태어날 때부터 한글 전도사 사명을 띠고 태어났다고 생각한다. 그 이유는 초등학교 때부터 마을 노인들에게 야학, 한글을 가르쳤는가 하면 1963년 2월 "중학생의 어린 몸으로 문맹자 60명 퇴치"란 미담 기사가 『강원일보』에 보도되었기 때문이다.

내가 태어나서 처음 신문에 난 일이다.

원광호 중학생은 강원도 횡성군 둔내면에서 방학기간을 이용하여 한글을 가르쳐 "문맹자 60명퇴치-중학생의 어린몸으로"란 제목으로 난생처음 신문(강원일보)에 보도되었다.(그후 매 방학기간 농촌지역 문맹퇴치, 한글교육에 열정을 쏟았다.)

난생처음 신문에 보도

1962년 12월 겨울방학을 맞아 동계 농촌계몽 운동차, 강원도 횡성군 둔내면으로 갔다.

지인 소개로 임춘기 씨를 찾았다. 남자인 줄 알았는데 여성이었다. 우선 방을 얻었다. 임춘기 씨 이웃이며 임씨 집안이었다. 자포곡리 3반, 임노름 씨 댁이었다.

곧바로 국가재건국민운동 둔내면 촉진회장 김계항 씨를 만나 "농촌 지역 계몽 봉사 왔습니다. 도와주십시오."라고 인사를 드렸다. 그리고 한글을 모르는 분을 위한 한글 학교와 한문 무료 강습을 한다는 내용으로 벽보를 만들어 군데군데 붙였다.

처음에는 밥을 해 먹기로 했는데 숟가락 하나 준비가 없어 도저히 불가능했다. 하는 수 없이 임춘기 씨 집에서 몇 끼 얻어먹고는 뒷집 안두부 씨 할아버지 댁에서 식사를 해결하기로 했다.

이 집은 70여 세 할아버지와 할머니, 그리고 약간 지능이 떨어지고 손을 떠는 50여 세 딸이 같이 살면서 시골 두부를 만들어 파는 집이다.

내 방에다 면사무소에서 빌려 온 소형 칠판 하나를 벽에 걸고 교육을 시작했다. 처음에는 한두 사람이 모이기 시작하더니 얼마 안 되어 방이 가득 찼다. 시골이라 소문이 빨랐다. 하루는 기관장, 주민들을 초대하여 가르치는 모습을 보였더니 인식이 달라졌다. 그런데 왠지 어른들은 냉랭했다. 이유는 교회에서 전도 나온 사람이라는 것이다. 경계하는 눈치였다. 나는 아랑곳하지 않고 열심히 가르쳤다. 한글은 기본이고 한문, 기초 영어, 셈본 등 열정을 쏟았다.

이곳 출신 고등학생들이 원주, 횡성 등 외지에 나가 있다가 주말이나 방학이면 오는 데 그중 몇몇 학생이 둔내고등학교 학생들과 어울려 나를 방해했다. 긴 몽둥이를 질질 끌고 나를 찾아와 위협하고 특히 나에게 공부하러 오는 여학생들에게 집적거리며 장난을 치고 괴롭혔다. 한번은 이모승 학생 등이 떼 지어 찾아와 칠판을 막대기로 후려치며 행패를 부려 경찰에 신고, 도망가기도 한 일이 있었다.

그러나 내가 누군가. 그대로 쫓겨 나갈 내가 아니다. 나는 강하게 마음먹고 정면으로 한 사람, 한 사람 만났다. 한 달이 지나면서 점차 안정을 찾았고 나중에는 모두가 나의 지원군이 되어 고구마, 감자 등 먹을 것을 가져다주었다.

어느새 나에게 가르침을 받은 중학교 3학년 학생들은 원주, 횡성 등지로 "고등학교 시험 보러 다녀오겠습니다.", "시험에 합격했습니다.", "입학했습니다."라고 신고를 했다.

그때 나는 겉으로는 축하해 주며 반가워했지만 잠자리에서는 무척이나 괴로웠다. 다른 애들은 저렇게 고등학교에 입학하여 멋진 교복과 모자, 그리고 반짝이는 모표를 달고 나타나는 게 너무나 부러웠다.

애들은 박박 짧게 깎은 머리였으나 나는 긴 머리 청년 모습으로 있는 게 불안했다. 실은 재네하고 같은 중학교 졸업반인데 나는 밀린 학비를 못 내 일찍감치 졸업을 포기하고 와 있는 상태여서 더욱 괴로운 것이다. 벌써 그렇게 친했던 친구들은 원주, 횡성 등지로 떠나고 매우 허전했다.

한번은 전도를 위해 무작정 발이 쑥쑥 빠지는 시골길을 목적지도 없이 걸었다. 워낙 눈이 많이 쌓여 길인지 개울인지 구분이 안 되는 길이다. 얼마만치 갔는데 사람 소리가 시끌벅적하다. 찾아가니 열두 대문 집이었다. 사랑방 마루에는 서너 명의 아주머니들이 부침개를 굽고 있고 한쪽에서는 분주히 또 다른 음식을 연신 준비하고 있었다. 방 안에서는 가끔 사람이 나와 마루 모퉁이에 놓인 오줌통 항아리에 오줌을 누고는 꺼냈던 물건을 툭툭 흔들어 털고는 무엇이 급한지 얼른 바지를 올려 입고 방으로 들어간다. 알고 보니 둔내면에서 큰기침하는 기관장, 유지 어른들이 다 모인 것 같았다. 맞다. 그때만 해도 시골에서는 화투나 마작 놀음에 밤을 새우고, 있는 돈 없는 돈 다 털리고 심지어 집문서, 땅문서까지 잡히고 도박에 미쳤던 시절이다. 내가 사는 주인집 임노름 씨도 노름꾼으로 소문나 있었다. 그렇게 많던 땅을 다 팔아먹고 이제 집 한 채 겨우 남았는데 부인하고 쌈이 붙었다. 부인은 "이 엄동설한에 애들하고 어디로 가라고 이러느냐. 죽어도 이 집만은 안 된다." 하고 바지를 잡고 얻어맞으며 애걸했다. 이에 남편은 "이게 미쳤나. 서방이 내놓으라면 얼른 내놓을 것이지, 어디다 감춰 놨어." "아이고, 나 죽네. 사람 살려요." 말이 아니다. 참다 참다 못해 내가 뛰어 들어가니 벌써 부인을 때려눕히고 방 문짝을 떼어서 지르밟고 있었다.

내가 임 씨 아저씨를 뜯어말리니 "너는 뭐야? 당장 우리 집에서 나가라!" 하고 고함친다. "알았습니다. 내일 나갈 터이니 그만하세요." 하고 얼른 부엌에 가서 항아리에 살짝 얼어붙은 물을 바가지로 깨서 떠다 주었다.

이렇게 평탄치 않은 세월을 보내면서 고민에 빠져 있는데 기쁜 소식이 왔다. 원주 대성고등학교에서 웅변 특기생으로 오라는 통보다. 나는 학교에 갈 수 있다는 희망의 불빛이 보였다. 서둘러 둔내면 봉사 계몽 활동을 모두 마치고 원주로 짐을 옮겼다.

떠날 때 뒤돌아보니 너무나 힘들었으나 아쉽고, 같이 공부한 학생들로부터 감사의 뜻을 담은 목도리와 장갑을 선물로 받으니 참으로 고맙고, 보람 있고 가슴 뿌듯해 마냥 기뻤다.

제 3 장

꿈 많은 청년 시절

꿈꾸던 고등학생

앞에 소개와 같이 나는 중학생 신분으로 강원도 횡성군 둔내면에 있던 야학 선생이었다. 고등학교는 아예 포기한 상태에서 둔내면 사람이 되어 가고 있었다.

나는 솔직히 고등학교에 갈 엄두도 못 내고 자격도 없는 줄만 알았다. 중학교 졸업장을 못 받아 아예 고등학교는 꿈도 꾸지 못한 상태에서 웅변 특기생으로 오라는 연락을 받고 나니 무척이나 당황스러웠다. 바로 우체국에 가서 시외전화를 신청하여 대성고등학교 선생님과 통화를 했다. 당시에는 시골에 전화국이 따로 없이 우체국에서 전화 업무를 보았고 나는 내가 사는 집 전화를 쓸 수 없어 우체국을 이용했다.

그런데 나를 오라고 한 선생님이 누군지 몰라 통화에 실패했다. 다시 연락하여 연락하신 선생님을 알아냈다. 바로 교장선생님이신데 지금 자리에 안 계신다고 한다.

시외전화비도 나에겐 엄청 값비싼 돈이었다. 다시 전화를 걸어 겨우 교장선생님과 통화에 성공했다. 통화 내용 골자는 이렇다. "나는 중학교 졸업장이 없어 못 갑니다." 하니까 "졸업장은 필요 없다. 학생은 중학교 과정을 다 마쳐 자격이 있음을 우리가 확인했으니 걱정 말고 오라."라는 것이다. 나중에 알고 보니 졸업증명서는 횡성중학교에서 확인했고 다만 졸업장만 담임선생님 캐비닛에 보관돼 있다는 것이다.

횡성 중학생 때 많이 아껴 주신 친하게 지낸 이화동 선생님 사모님을 찾아가 내가 웅변 특기생으로 고등학교에 가게 되었다고 말씀드리니까 너무 잘됐다고 기뻐하시며 또 한 분 사모님을 불러 밀린 월납금을 만들어 주셨다. 곧바로 우리 셋은 학교를 찾아가 밀린 월납금을 몽땅 내고 졸업장을 찾아왔다. 나는 이처럼 어렵고 힘들 때마다 주위의 따뜻한 분들의 도움으로 위기를 벗어날 수 있음을 감사드리며 더욱 용기를 내어 어려운 상황일 때 더욱 최선을 다할 수밖에 없었다.

이렇게 해서 입학식이 지난 후 지각생으로 학교에 갔다. 얼굴도 모르는 선배 교복과 교과서를 학교에서 받아 다음 날 담임 안차순 선생님을 따라 교실로 들어갔다. "자, 자, 오늘부터 너희들과 같이 공부할 학생을 소개한다." 하시고 인사를 시켰다. 그런데 웬걸. "어허, 저기, 저~ 우리 선생님인데." 하며 알아보는 몇몇 학생들이 있는 게 아닌가. 그들은 바로 둔내가 집인 나에게서 공부한 학생들이었다. 어찌나 당황했던지 몸 둘 바를 몰랐다. 얼마 지난 후 조금씩 적응하게 되었고 반 친구가 되었다.

이제부터 나는 대성고등학교 학생이 되었고 웅변 특기생으로서 대회에 나가 1등만 해야 했다. 당시 어느 정도 가정 형편이 낫거나 대학에 진학할 학생들은 인문고인 공립 원주고등학교로 진학했고 대성고등학교는 사립학교로서 거의 가정 형편이 어려워 대학을 포기하거나 군에 가서 장교를 희망하는 학생들로 육군사관학교 가는 길이 인기였다. 그래서 대성고등학교에서는 특기생을 뽑아 학교 위상을 높이려고 애쓰는 시기였다. 하지만 씨름, 역도, 권투 등 체육 선수는 인기가 있지만 웅변은 감히 그 축에 들지 못했다. 나는 의외로 웅변으로 발탁된 것이다. 바로 그런 효과로 학교 명예가 오르기 시작했다. 대표적으로 멕시코 올림픽에서 권투 선수로 은메달을 딴 고 지용주 후배가 있었고, 그 후 육군참모총장을 거쳐 합참의장을 지낸 김종환 의장(나의 한 해 선배) 등 장군도 여러 명이 배출됐다. 또한 작사자로 이름을 떨친 고 박건호(나의 후배), 한국은행 이주열(나의 후배) 총재도 있고 나 또한 첫 국회의원 탄생 기록을 세웠다. 대성이 인재 배출을 위해 가장 두드러지게 교육을 했던 시기였다고 생각한다.

그것은 인재 양성 차원의 특기생 유치, 교육에 열정을 쏟은 고 김재옥 교장선생님의 의지와 열정의 결과였다고 생각한다. 나 또한 고 김재옥 선생님의 덕을 톡톡히 본 학생으로서 웅변을 더욱 열심히 하게 되었고 웅변대회 때마다 1등은 물론이요, 웅변가가 된 것도 고 김재옥 교장 선생님이 후원해 주신 덕분으로 항상 고맙게 생각하고 그 은혜를 잊을 수가 없다.

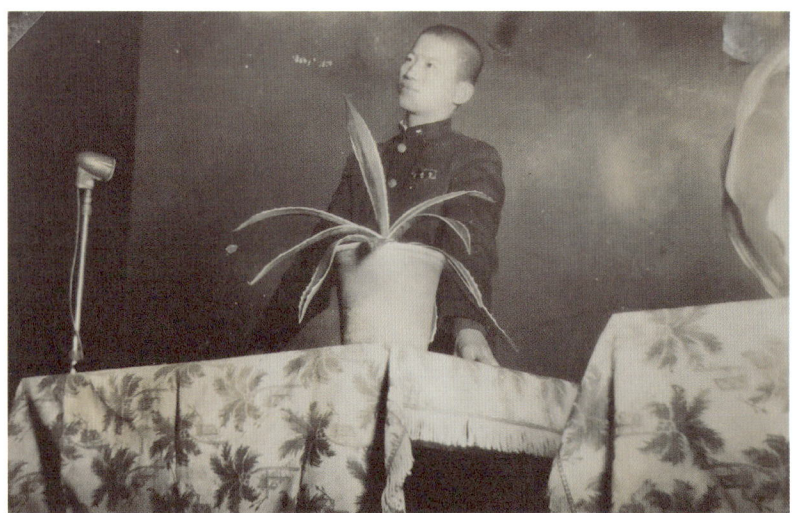

웅변 1등만이 살길

새나라 택시

　우리나라 최초의 택시는 1919년 12월 일본인 노무라 겐조가 세운 경성택시이며 1921년에 조봉승이라는 사람이 한국인 최초로 '종로택시회사'를 설립, 운영하였다 한다. 이때는 택시 미터기가 없어 시간당 대절 비용이 6원, 당시에는 쌀 한 가마니의 가격이 6~7원으로 택시를 대절해 타려면 쌀 한 가마 값을 주고 타야 했다니 참으로 믿기지 않는 옛이야기이다. 그 후 1950년대 미군의 지프차를 개조해 만든 영업용 택시로 이용한 시발택시가 인기였다. 당시 시발 자동차가 없어 못 파는 지경이었고 이후 본격적인 승용차 택시 운송업이 시작된 것은 1962년 일본에서 '새나라 자동차'를 수입하였고 이어 부평에 새나라 자동차 공장을 가동하면서부터라 한다.(우리나라 택시의 변천사, 작성자 유카 글 옮김) 당시 내가 사는 원주도 택시는 연한 녹색 지프차였으며 그 후 새나라 택시(지금의 승용차형)라고 원주에 들어온 지 5일 만에 나는 처음으로 이 차를 타게 된다. 이때 새나라 택시를 탄다는 것은 대단한 자랑거리였다. 그런데 내가 이 새나라 택시를 타게 된 것은 자랑할 게 못 되는 서글프고 창피한 일이다.

고등학교에 입학하여 내 옆 짝꿍이 변종구란 친구였는데 이 친구가 두꺼운 사전 같은 책을 열심히 보고 쓰고 한다.

"야, 종구야, 그 책이 무슨 책이냐?" 물으니까 "어~ 어, 이거 김학기 『삼위일체』." "뭐? 김학기 『삼위일체』? 어디 좀 보자." 연필로 여기저기 깨알 글씨로 새까맣게 메모를 한 것을 보고 나는 놀랐다. 중, 고등학교 영어 참고서란다. 더 놀란 것은 이 책을 세 번 봤다 한다. 이건 또 무슨 소리인가? 내가 놀라니 종구는 "너 이 책 처음 보니?" "어~" 한마디로 기가 찰 일이다. 내가 아무리 공부를 못했어도 이건 보통 일이 아니다. 책 이름 자체도 모른다는 것에 충격이 컸다. 나는 다른 아이들보다 앞서가기 위한 공부가 아니라 따라가기 위한 공부를 해야 했다. 머리가 못 따라가서 공부를 못하는 게 아니라 고학 등으로 학업에 전념할 기회와 시간이 부족해서 학업이 뒤질 수밖에 없는 상황이었다. 곱빼기 아니 열 배라도 해야 따라갈 수 있다는 생각에 부단히 노력해야 했다. 시간이 모자란다. 밤을 새운다. 이때 나는 또 다른 체험을 한다.

세상에서 제일 힘든 게 배고픔인 줄만 알았는데 그보다도 이제는 졸음을 극복하는 게 더 힘들다는 것을 알게 된 것이다. 하는 수 없이 고민 끝에 약을 사 먹고 이기는 방법이 생각났다. 공부 잘하는 친구, 선배들에게 잠 안 오는 약을 알아냈다.

　카페인 약, 노슬립, 안온다정 등을 구입하여 먹고 버티는 것이다. 며칠째 계속되니 몹시도 어지럽다. 먹는 거라곤 하루에 아침과 저녁뿐, 점심은 아예 생각조차 할 수 없는 형편이었다. 약이 떨어져 약방 가서 달라니까 더는 줄 수 없다는 것이다. 돈만 주면 약을 사는 줄만 알았더니 돈 주고도 못 사는 것이 약이라는 것도 그때 알았다. 나는 사정 이야기를 하고 애원했지만 큰일 난다고 한사코 말린다. 하는 수 없이 다른 약방을 찾았다.

　처음엔 쌍다리 건너 경찰서 앞에 있는 쌍다리약국 아주머니도 아저씨도 무척이나 자상하고 친절했다. 거기서 거절당한 것이다. 나중엔 개운동 알파약국에서 약을 사게 되었다. 그러나 여기서도 마찬가지로 얼마 못 가서 약을 안 준다. 그때 이 약들이 몸에 안 좋다는 것을 알았다. 그러나 때는 이미 늦었다. 사고가 난 것이다. 몸에 신호가 왔다. 어지러움은 물론 다리가 후들후들 떨리고 멍하다. 그래도 학교는 가야 했다. 그날도 몹시 어지러웠으나 정신을 차리고 간 것이다. 첫 시간은 그런대로 버티었는데 둘째 시간인 국어 시간이다. 박일송 선생님이시다. "원광호!" 하며 나를 지적하시더니 일어나서 오늘 공부할 내용을 읽어 보라 하셨다. 평소에 나를 귀여워해 주시고 기회만 있으면 일으켜 읽기를 시키시는 고마운 선생님이셨다.

　나는 일어나 책을 읽었는데 몇 줄도 못 읽고 쓰러졌다. 그 후 나는 의식을 잃고 병원으로 실려 간 것이다. 얼마 후 깨어나 보니 김내과의원이라 한다. 옆에는 놀랍게도 김재옥 교장선생님이 와 계셨다. 교장선생님도 놀란 마음으로 오신 것이다. 나는 몸 둘 바를 몰랐다. 주변 친구들도 선생님도 쳐다보기가 민망했다. 교장선생님은 내 손을 잡으시며 "정신이 드느냐? 며칠 쉬고 회복되거든 나와라." 하시고 가셨다. 다른 친구들은 나보고 놀려 댔다 "야, 원광호. 너 대단하다." "왜?" "새나라 택시도 타 보고, 우리는 언제나 타 볼까?" 그제야 내가 새나라 택시를 타고 온 것을 알았다. 병원비도 택시비도 모두 학교에서 부담한 것이다. 나는 며칠 후 회복되어 정상적으로 학교에 다니게 되었다.

그런데 또 하나 화제가 터졌다. 원주 대성고등학교 학생이 공부하다 쓰러졌다는 소문이 원주 일대에 쫙 퍼졌다는 말을 들었다. 나는 창피해서 죽겠는데 대성고등학교 위상이, 나 때문에 한층 올라갔다는 것이다. 나는 이런 일로 당시 구경도 하기 힘들었던 새나라 택시를 타 본 추억을 남겼다.

술지게미

누구나 고교 시절을 떠올리면, 학교생활 중 존경하는 선생님이나 친구 등 가장 소중한 얼굴이 떠오를 것이다. 그런데 나는 항시 배고픔에 시달린 아픈 추억만 선명하게 떠오른다. 지금 생각해도 너무나 억울하다. 나를 낳아 달라고 사정한 것도 아닌데 내가 왜 세상에 나와서 이다지도 지긋지긋하고 힘들게 살고 있는지 원망도 따져 보지도 못한 채 겪어야만 하는 현실이 너무나도 야속하기만 했다. 더구나 공부에 아무런 의미도 없이 지쳐만 가고 하루하루가 지겹기만 했다.

그때만 해도 6.25 전쟁을 치르고 너 나 할 것 없이 배고픈 시절이었다. 나는 새벽에 일어나 술지게미를 먹으러 가야 했다.

당시 6.25 전쟁으로 고향을 떠나 원주로 피난 온 사람들이 집단으로 사는 명륜동 피난민촌이 있었다. 산비탈에 한 칸짜리 집을 지을 터만 있으면 삽과 괭이로 3~4일 땅을 파서 터를 닦고 머리 숙여 겨우 드나들 만

한 크기에 문 한 짝 달고 흙을 개어 벽을 만들고 볏짚으로 이엉을 엮어 지붕을 덮으면 보금자리 집이 한 채 완성된다. 향교 아래쪽으로 다닥다닥 붙여 지은 이런 집들이 생긴 것은 6.25 전쟁이 주고 간 흔적들이요, 먹고살기가 급급했던 배고픈 시절이었다. 나 또한 피난민은 아니지만 이 틈바구니에 끼어 생활하게 되었다. 때로는 강원도 화천에서 피난 온 박선숙 누나 집에서 얻어먹기도 하고 차주업이란 고등학교 동창 친구 집에서 숙식을 해결하는 떠돌이 고등학생으로 생활할 때였다.

이 피난민촌에는 대부분 남편을 전쟁터에서 잃은 엄마들이 많았다. 자식 공부를 시키기 위해 멸치, 미역 등 건어물 보따리, 비누, 분, 구리무(크림) 몇 가지와 생필품을 머리에 이고 이삼십 리 길을 멀다 하지 않고 시골로 찾아가 팔고 돌아오는 행상으로 생계를 이어 갔다. 이런 환경을 목격하고 얻어먹는 것도 염치가 없고 마음 편할 수 없었다. 다른 방도를 찾아야 했다. 우선 성냥 공장 옆 문간방을 싸게 얻어 독립했다. 우선 배고픔을 해결하려니 번뜩 머리에 떠오른 것이 새벽에 일어나 술지게미를 퍼다 먹는다는 소문이 생각났다.

당시 내가 다니는 대성고등학교 아래 동양양조장이라고 술 만드는 공장이 있었다. 이 공장에서는 하루에 한 번씩 새벽 네 시경 술을 만들고 난 술 찌꺼기를 하수구로 버렸다. 이때 서로 먼저 와서 대기하고 있다가 1미터 깊이 정도 하수구에 술지게미가 쏟아져 쌓이면 이걸 서로 퍼서 그릇에 담아 집으로 가져가 사카린이나 당원 같은 것을 타서 밥 대신 먹었다.

주로 학교 앞 피난민촌에서 많이 왔다. 이것도 늦게 가면 지금같이 시멘트 바닥도 아니고 그냥 흙바닥의 일반 오물이 흐르는 하수구라서 위생적으로 더럽고 흙이 섞여 떠먹을 수가 없다. 그래서 흙바닥에 닿기 전에 쌓여 있는 술지게미를 퍼 가기 위해 잠을 안 자고 새벽부터 가서 줄을 지어 순서를 기다리는 것이다.

나도 이걸 먹기 위해 양재기를 들고 가서 줄을 서 있었다. 내 차례다. 얼른 배를 땅에 깔고 엎드렸다. 키가 작으니까 거꾸로 처박힐까 봐 걱정했다. 벌써 뒤에서 누군가 허리를 잡아 주고 발을 눌러 줬다. 어렵게 퍼낸 술지게미를 집에 가져와 먹다 보면 모래가 섞여 씹힌다. 바가지에 쏟아 흔들고 휘휘 저어서 밥쌀 이르듯 가라앉히고 따로 따라 내어 당원도 사카린도 준비가 안 된 채 허겁지겁 퍼먹었다.

그런데 오늘따라 어지럽고 힘들었다. 그래도 나는 정신 차려 학교에 갔고 수업 시간에 나도 모르게 꾸벅꾸벅 졸다 선생님께 들켰다. 선생님은 내 곁에 오시더니 개가 냄새 맡듯이 코를 벌름거리며 흠흠 하더니 "너 술 먹었어?" 하며 야단치셨다. "아닙니다. 술 안 먹었습니다." 했지만 선생님은 내 뺨을 사정없이 때렸다.

때려라, 마음껏 때려라. 아파서 울도록 힘껏 때려라. 이렇게 우나 저렇게 우나 우는 건 마찬가지요, 눈물도 마찬가지인데 술 먹고 뺨 맞는 거나, 술지게미 먹고 뺨 맞는 거나 뭐가 다른데. 속절없이 선생님 앞에 얼굴을 내맡겼다.

　나는 모든 것을 포기하고 가방을 들고나와 울며 걸었다. 사는 게 싫다. 아니 무섭다. 왜 이렇게 살아야 하는지, 하루하루가 벗어날 수 없는 지옥이 되고 지겨웠다. 죽고 싶다. 내일은 뭐가, 어떤 고통이 나를 기다리는지, 당장 내일 닥칠 학교생활이 두렵고 불안했다. 그 후 나는 술지게미, 누룩만 보거나 냄새만 맡아도 배고픔을 해결하려고 술지게미를 먹은 나를 술 먹었다고 오해하며 선생님께 세차게 뺨을 맞은 추억이 떠오르고, 반드시 성공해야만 한다는 각오만이 더욱 단단해졌다.

　그래서 술지게미에 얽힌 사연을 부끄러움보다는 값진 자랑거리로 기억하며 누군가에게 말하고 싶어진다.

무당집

　원주시 봉산동 철다리 아래 원주천 제방 비탈엔 무허가 집들이 줄지어 있었다. 그중 맨 끝자락 모퉁이에 철길에서 가장 가까운 집이 있었는데 이 집은 멀리서도 바로 알 수 있는 하얀 깃발이 눈이 오나 비가 오나 바람이 부나 항상 걸려 있다. 바로 굿하는 무당집 표시의 깃발이다.
　고등학교 학생으로 자취방을 구한다는 것이 싼 방을 얻다 보니 부엌이 없는 무당집 윗방을 먼 친척 누님 소개로 얻어 살게 되었다. 이 무당집은 원주 지역에서는 꽤 소문난 집으로 끊임없이 사람들이 찾아왔다. 대개의 경우 집안의 누가 아프거나 액운이 들었다 하여 액을 풀어 주는 굿을 해 달라고 찾아오는 곳이다. 액운이란 사람을 해치고 일을 방해하는 악한 기운으로 무서운 질병이나 사고가 나도록 만들기도 하고 인간관계를 갈등과 파국으로 이끄는 사악함을 지닌 것이라는 무당집 해석이다. 당시만 해도 몸이 아파도 병원에 갈 생각을 못 하고 이런 곳을 찾아 소위 귀신을 쫓아내는 굿을 하는 게 대부분이었다. 굿을 마치고 돌아올 때면 모셔 간 사람이 떡이며 돼지머리 고기, 과일, 쌀 등을 잔뜩 짊어지고 왔다. 이 먹을거리를 바로 내 방에 들여놓아 생각지 않은 먹을 복이 터져 배고플 걱정은 없다. 하지만 추운 겨울 아랫목 아궁이가 있는 쪽 안방만 따듯하고 윗방은 춥게 마련인 데다가 문짝이 이가 안 맞아 손가락이 들어갈 만큼 사이가 벌어져 있어 수건, 걸레 등으로 꼭꼭 틀어막아도 세찬 황소바람이 획획 들어와 바람 소리는 듣기만 해도 오싹해진다.

하루는 너무 추워 천장에 매달린 60촉짜리 전구를 이불 속으로 줄을 길게 늘여서 웅크린 몸 사타구니에 수건으로 싸서 넣고 두 손으로 감싸고 잠을 청했다. 한참 동안 잠이 들어 자다가 너무 뜨거워 잠결에 전구를 옆으로 밀어 버린 채 곯아떨어져 자고 있었다. 그런데 갑자기 코가 맵고 답답해지고 숨이 막혀 번쩍 깨 보니 이미 방문을 못 찾을 정도로 연기는 방 안에 꽉 차 있고 솜이불이 뻘겋게 타들어 가고 있었다. 놀란 가슴으로 더듬어 문을 찾아 활짝 열고는 얼어붙은 배추밭에 이불을 끌어내어 발로 마구 밟고 눈을 긁어 덮어서 간신히 불을 껐다. 하마터면 다닥다닥 붙어 있는 허름한 판잣집들을 모조리 태우는 대형 화재 사고에 나는 인간 통구이가 될 뻔한 끔찍한 사건이었다.

사실 타 버린 그 이불도 내 것이 아닌 친척 누님이 임시로 빌려준 것인데 태워 버린 것이다. 누구 것이냐가 중요한 게 아니라 당장 엄동설한에 덮을 이불이 없어졌으니 너무나 난감했다. 당장 이불 살 돈은 없고 생각해 보니 군청 옆에 헌 현수막이 쌓여 있는 것을 본 기억이 났다. 단숨에 가서 세 개를 골라 둘둘 말아 들고 집으로 왔다. 마침 솜틀집 아저씨를 잘 알고 있어 찾아갔다. "아저씨, 혹시 헌 솜 좀 없어요?"

"왜? 뭐 하려고? 오래된 것 있는데." "쓸데가 있으니 좀 주세요." 얼른 솜뭉치를 받아 들고 집으로 와 실과 바늘을 구하러 누님 집을 찾아갔으나 개운동에 있는 건빵 공장에 일하러 가셔서 없기에 반짇고리를 찾아 들고 왔다. 생전 안 해 본 이불 바느질을 할 생각이다. 어머님의 이불 꿰매시던 모습을 기억해 냈다.

먼저 현수막을 내 키보다 약간 큰 길이 세 쪽 폭으로 자르고 대바늘로 듬성듬성 꿰맸다. 그것을 다시 자루 모양으로 만들고 그 안에 솜을 골고루 편 후 솜이 몰리지 않도록 군데군데 꿰매 이불을 완성했다. 이 이불은 흰 천에 뻘건 글씨로 "꺼진 불도 다시 보자."라는 현수막 글씨가 끊겨 만들어진 세상에 하나밖에 없는 이불이다. 나는 이 이불을 볼 적마다 그랬고 지금도 그때를 생각하면 한없는 고달픔의 흔적으로 코가 찡하고 눈물이 고인다. 하지만 금세 철없는 어린아이가 되고 정신 나간 사람처럼 혼자 킥킥대고 웃는다. 그래도 뭐가 아쉬운지, 직성이 안 풀려 "으~악!" 고함을 질러 본다. 너무나도 억울했던 과거를 향한 원망일까? 아니면 현실의 행복감을 감출 길 없는 독백일까?

그때를 생각하며 둑 위로 지나가는 기차를 물끄러미 쳐다보고 있노라면 내가 탄 인생 열차는 얼마나 길고 깊은 터널을 만날까 생각이 많아진다.

아무리 어려워도 그때처럼 다시는 통구이가 될 일은 없겠지? 스스로 위안해 본다.

두부 공장 물 푸는 고학생

앞에서도 말했지만 1960년대 고등학교 시절에는 알바(아르바이트)라는 말조차 없었다. 단지 학생이 흔히 할 수 있는 일로 새벽에 일어나 신문 보급소에 가서 신문을 받아다가 집집마다 배달하는 것과 우유 배달로 새벽 시간을 이용하여 잠깐 하는 일들이 있을 뿐이었다. 하지만 나에게는 특별한 돈벌이가 있었다. 그중 한 가지가 새벽에 두부 공장에서 콩을 불리고 두부를 만드는 데 필요한 물을 채우는 일이었다. 쇠로 된 손잡이를 잡고 위로 치켰다 내리누르는 옛 작두 펌프로 손수 펌프질하여 여러 드럼통에 물을 가득 채우는 일을 하는 것이다. 내가 물을 다 퍼 놓으면 계절마다 약간 차이는 있으나 대개의 경우 열두 시나 한 시에 두부를 만드는 주인아저씨와 또 다른 한 분이 두부를 만들기 시작한다. 그렇게 밤새워 만든 두부는 새벽 네 시만 되면 추우나 더우나 어김없이 자전거에 두부 판을 높게 쌓아 싣고 원주 시내 골목골목을 찾아다니며 상점으로 배달을 나간다.

김이 자욱한 공장은 금세 썰렁해진다. 이 집 할머니, 그러니까 혜경이 외할머니가 같이 사셨는데 항상 새벽이면 나에게 김이 무럭무럭 나는 따끈한 순두부 한 사발에 간장 한 숟가락을 쳐서 먹으라고 주신다. 받아 든 순두부 한 사발을 후딱 먹고 나면 추웠던 몸도, 힘들었던 피곤도, 배고픔도, 한 방에 날려 보내고 공부할 수 있다.

여기에 문경이와 혜경이 두 어린아이를 가르치는 가정교사를 겸하고 있으니 나는 이 집의 식구가 되었다. 이 집과 나 사이는 한 가족같이 되어 나는 광호 삼촌으로 통했다. 할머니는 나를 친아들처럼 밥도 잘 챙겨 주시고 빨래도 손수 해 주시고 아들처럼 너무너무 잘해 주셨다. 더구나 얼마 안 가서 혜경이에게 웅변을 가르쳐 초등학교 교내에서는 물론 원주 시내 웅변대회에서 일등을 하게 했다. 집안에 경사가 났다. 식구들은 물론 친척, 이웃집 모두 초대하여 잔치를 베풀었다.

이 자리에서 깜짝 선포가 이어졌다. 문경 엄마는 여태껏 광호 삼촌이라고만 불렀던 나를 "광호야, 너는 이제 삼촌이 아니라 내 동생이야." 하고 안아 주며 마냥 기뻐하며 우셨다. 그리고는 할머니는 물론 문경 아버지에게 "여보, 이제 광호 삼촌이 아니라 동생으로 받아들입시다." 하니 모두 그렇게 하자고 했다. 그래서 나는 이제부터는 할머니가 아닌 어머니로 모시기로 하고 여러 사람이 지켜보는 가운데 큰절을 올리고 아들이요, 동생이요, 삼촌이요, 처남이 됐다.

사실은 문경이 외할머니에게는 아들이 없었던 터라 누님으로선 당연히 나를 눈여겨본 것 같았다. 더구나 나를 고아로만 알고 매형은 대학교까지 책임질 터이니 공부나 열심히 잘 하라고 격려하며 잘해 주셨다. 정말 배불리 먹고 따듯한 방에서 행복한 고등학생으로 학교도 잘 다녔고 즐거웠다.

그런데 문제가 생겼다. 하루는 학교 갔다 집에 들어오자,
"아이고, 애야. 어머니가 찾아오셨다." 하고 어머니가 말씀하셨다.
"네? 무슨 말씀이세요? 어머니가 오셨다니요?"
나는 놀랐다. 어머니가 여길 어떻게 아시고 찾아오셨나 의아하면서도 황당하고 두려움이 앞선다. 이제 이 집에서 더는 살 수 없이 떠나야 한다는 생각에 가슴이 콩닥콩닥 뛰었다. 그러나 이 어머니는 내 속도 모르고 반가워하면서 "지금 방에 계신다." 하셨다. 나는 봉당 디딤돌 위의 하얀 고무신을 보고 그제야 나의 친어머니가 분명함을 알았다. 어머니는 평소에 신발을 너무나도 하얗게 닦아 신고 다니셨기에 금방 알 수 있었다. 나는 반가움보다 화가 치밀었다. 어머니가 여기만 찾아오지 않았어도 무사히 이 집에서 대학교까지 책임진다 했는데 갑자기 어머니가 찾아오신 게 몹시 당황스러웠다. 하지만 어쩌겠는가. 하는 수 없이 방으로 들어갔다. 뵙는 순간 반가움에 어머니를 부둥켜안고 울었다. 어머니도 아무 말씀도 못 하시고 계속 울기만 하신다. 한참 동안 말없이 울음소리만 듣고 있던 문경이 할머니와 누님이 들어왔다. 우리 넷이서 또 울어 댔다. 너무나 슬펐다. 누님과 누님 어머니는 나를 보고 "아이고, 불쌍한 것, 이리 좋은 어머니를 두고 고생했냐." 하시며 우셨다.

한동안 그칠 줄 모르는 모자 만남의 슬픈 감정이 흐르다가 오토바이 소리에 누님이 문경 아버지가 들어오신다고 했다. 모두 눈물을 닦고 아무 일도 없던 것처럼 태연하게 나가서 맞이했다. 우리는 다시 방으로 들어왔다. 누님이 문경 아버지한테 "광호 친어머니."라고 소개했다. 문경 아버지는 다소 놀란 듯 어머니를 바라보고 "네, 그러세요?" 하며 어정쩡하게 서 있었다. 이어 누님은 바로 문경 아버지한테 말한다. "광호 어머니도 우리 어머니로 모시기로 해요." 하자 문경 아버지는 얼떨결에 "그럼, 그래야지." 하시며 흐뭇한 얼굴로 어머니께 큰절을 올렸다. 금방 방 안은 웃음이 가득 찼다. 그렇게 해서 딸이 되고 사위가 되었다. 그 후 딸과 사위는 나의 아버지를 찾아뵙고 큰 딸이요, 큰 사위가 되었다. 물론 친정집처럼, 딸네 집처럼 서로 왕래가 잦았고 나의 부모님 돌아가셨을 때는 상복을 입고 훌륭한 사위, 딸 몫을 톡톡히 하여 동네 사람들도 부러워했다.

그러나 나는 따듯하고 편안한 누님 집에서 나와야 했다. 물론 누님 댁 식구 모두 하나같이 나를 못 가게 말렸다. 그렇지만 분명한 것은 내 부모, 형제가 다 있고 남 보기에는 그 동네의 유일한 기와집이 바로 우리 집이요, 또 방앗간 집 하면 모르는 사람이 없는 부유한 집 아들로서 더 이상 누님 집에 얹혀 신세를 질 명분이 사라졌다. 비록 어머니는 만났고 집은 있어도 어릴 적부터 집에 의존하지 않고 멀리한 지 이미 오래전이기에 다시 돌아갈 수도 없는 형편이었다.

두부 공장 물 푸는 작업이 고되긴 했어도 따듯한 방에서 배불리 먹고 걱정 없이 학교에 다닐 수 있어 행복했는데 정든 두부 공장 누님 댁을 뒤로한 채 떠나야 했다.

짠지(강원도 사투리)

누님 댁에서 나올 때 조그마한 항아리에 묵은 짠지 세 쪽을 얻어 이 삿짐 리어카에 실었다. 이 짠지가 나를 울렸다. 누님 집에서 떠나온 지도 벌써 여러 날이 지났다. 날이 가고 달이 가고 계절이 바뀌어 따듯한 봄이 왔다. 온 식구가 그렇게도 잘해 주고 사랑을 받았던 누님 집도 멀리한 나로선 감당키 어려운 배고픔의 연속이었다.

어느 날 하도 배가 고파서 먹을 것을 찾다 보니 부엌에 누님 집에서 가져온 짠지 항아리가 보였다. 얼마나 고맙고 반가운지 항아리를 통째로 방으로 들고 와 칼로 썰 새도 없이 입으로 물어뜯어 먹고 있었다. 한참 신나게 먹고 있는데 밖에서 "선생님!" "선생님!" 하고 찾는 소리가 들렸다. 이 학생은 내게 웅변 개인 지도를 받는 원주여고 권혁화 학생이다. 아니 웅변 지도는 오후 네 시인데 열두 시가 조금 넘은 이 시간에 어쩐 일인가? 허둥지둥 당황하여 어찌할 바를 몰랐다.

나는 황급히 입에 물고 있던 짠지를 부엌에 가서 뱉고 방에 있던 짠지 항아리를 뚜껑도 없이 얼른 이불로 덮었다. 입을 손등으로 대충 문지르고 어서 들어오라고 문을 열어 주었다. 혁화는 얼른 들어왔다. 연탄 때는 방은 아랫목만 따뜻하여 추운 겨울이라 으레 이리 앉으라고 권하고 발을 이불 속으로 집어넣는 게 보통이나 이날만은 아랫목으로 앉으라고 권하지 못하고 주저하자 혁화는 눈치도 없이 이불을 들추며 아랫목으로 발을 밀어 넣다가 깜짝 놀라며 "이건 뭐예요?" 하고 물었다.

"아~ 이거." 하며 나는 짠지 항아리를 번쩍 들고 황급히 부엌으로 가져다 놓고 들어왔다. 갑자기 방 안 가득 짠지 냄새가 확 퍼졌다. 혁화는 재채기를 하면서 방문 좀 열자며 문을 활짝 열었다. 잠깐 환기를 시킨 후 "자, 그럼 시작해 볼까?" 내가 먼저 시범을 보여야 했다. 그러나 이틀을 굶은 나는 기운이 없고 어지러워 소리가 나오지 않았다. 아무리 큰기침을 해 보고 헛소리를 몇 번 질러도 목소리가 나오지 않았다. 하는 수 없이 혁화에게 처음부터 끝까지 계속하라고 시켰다. 연습은 대개의 경우 칠 분짜리 원고이다. 하지만 연습할 때는 삼십 분에서 한 시간 이상 걸린다. 나는 속으로 오늘은 빨리 끝낼 방법만 궁리하고 있었다. 도저히 끝날 때까지 버티기가 힘들었다. 하는 수 없이 중지시켰다.

"오늘은 내가 몸이 안 좋으니 쉬었으면 하는데."

"네, 그렇게 해요."

"대신 내일은 대회도 얼마 안 남았으니 곱빼기로 하자."

혁화는 "알았어요." 하고 일어나며 "그리고 이거 신문 대금 수금한 거예요." 하고 봉투를 내밀었다.

나는 당시 『The English Weekly』 영자 신문 원주 지역을 맡아 원주 시내 각 학교 등에 배부하고 돈도 받고 기사도 써 올리는 일을 했다. 혁화는 바로 원주여자상업고등학교 책임을 맡아 수금해 온 것이다.

"그래, 고마워. 수고했어."

"그럼 잘 가."

"네, 잘 있어요."

혁화는 집을 나갔다. 혁화가 가는 뒷모습을 바라보고 있다가 안 보이자 냉큼 반대쪽 구멍가게로 뛰어가 빵을 사서 허겁지겁 먹고 쌀 한 됫박을 사 가지고 돌아왔다.

오랜만에 쌀밥에 아까 먹던 짠지를 반찬으로 신나게 먹었다. 배가 차면서 이렇게 가난과 힘겹게 싸우는 자신을 돌아보며 온갖 잡념과 한탄에 쉼 없이 흐르는 눈물, 콧물을 닦느라 정신없었다.

오늘 이 글을 쓰면서 불현듯 그날의 짠지 먹던 생각에 코가 찡하고 눈물이 흐른다. 마냥 웃어도 보았다. 그리고 그때 혁화한테 하지 못한 말도 혼자 해 보았다.

"그때 혁화가 발끝으로 밀었던 항아리는 내가 배고파 먹던 짠지 항아리였어."

"정말 그때 그 짠지는 밥 없이 먹느라 혼이 났어."

"그리고 그때 혁화가 수금해다 준 봉투가 너무 고마웠어."

"내 굶주림을 해결해 주었고 그 고마움은 너무나 컸었지."

"이제껏 고맙다고 표현 한번 못한 채 세월을 보냈지. 혁화, 정말 고마웠어."

사실은 말이 웅변 선생이지, 혁화는 원여고, 나는 대성고 한 학년이고 나이도 동갑이었다. 그런데도 우리는 친구 사이도 아닌, 사제지간도 아닌 어정쩡하면서도 어려운 애매한 사이였다.

세월이 흐른 어느 날, 혁화가 원주 관내 호저초등학교에서 교사로 있다는 소식을 듣고 반가운 마음에 무작정 찾아갔었다. 하지만 나는 당시 보잘것없는 군 졸병으로 보고 싶은 얼굴만 바라보고 더 이상 마음에 둔 말 한마디 제대로 못 하고 헤어져야 했다.

그때 그 모습이 마지막 본 모습으로 어렴풋이 기억하고 있다. 더구나 그 옛날 여고 시절, 항상 여유 있는 미소에 너그러움, 그리고 곱디고운 얼굴에 빳빳하고 하얀 여학생 교복의 목 칼라가 멋있어 보였는데….

지금은 어찌 변했을까? 어디서 어떤 분하고, 그리고 아이들은? 주름살은? 허리는 굽지 않았는지? 행복하게 잘 살고 있겠지. 한번 보고 싶다. 그때 못다 한 이야기며 또 이 책이 나오면 보여 주며 지난날 짠지 사연도 직접 말해 주고 싶은 그럼 마음이 간절해진다.

깡통 거지

이미 중학교 시절 토마토를 몰래 따 먹고 도둑질이 얼마나 나쁘고 괴로운지를 경험하여 그 무엇이든 훔친다는 것은 용납이 안 됨을 잘 알고 있다. 그런데 또 배고픔이 찾아왔다. 더 이상 참을 수 없어 밥을 얻어먹으러 나서야 했다.

중학교 시절 깡통 거지는 동정이나 받지, 이제 의젓한 고등학생인데 깡통을 들고 밥 동냥은 더더욱 창피하고 밥을 줄 것 같지 않다. 그러나 배는 고프고 다른 방도가 생각이 안 난다. 깡통을 옆에 끼고 무작정 나섰다. 갈 곳도 목적지도 없이 동네만은 피하자는 막연한 생각에 무작정 집을 나온 것이다. 내가 사는 현재 위치는 우산동 철길 옆, 왼쪽으로는 시내로 가는 길로 아는 사람이 많을 것이고, 오른쪽으로 가면 인적이 드문 곳으로 철길을 따라 걸었다. 얼마 안 가서 기차 굴이 있고 이 굴을 빠져나간 곳이 만종이라는 동네였다. 철길에서 얼마 안 떨어진 집, 대문이 열려 들여다보니 마침 모판 일하는 계절이어서 논에서 일하다 들어온 아저씨가 발도 안 닦고 흙이 묻은 채 마루에 걸터앉아 할머니와 밥상에서 마주 보고 아침을 먹고 있다. 다른 식구들은 여럿이 둘러앉아 이야기하며 수북이 쌓인 모둠 보리밥을 맛있게 먹고 있었다.

나는 염치 불고하고 "실례합니다. 저는 거지가 아닌 고학생인데 배가 고파서 밥 좀 얻어먹으러 왔습니다."라고 했다. 그러자 입에 잔뜩 밥을 넣고 먹던 아저씨가 발음도 제대로 못 한 채 손을 휘저으며 나가라며 내쫓았다. 냉정히 나가라는 손짓에 눈물을 머금고 뒤돌아서야 했다. 나는 다시 돌아서면서 "아저씨, 죄송합니다." 하고 다시 아저씨 얼굴을 쳐다보았다. 밥을 얻어먹지 못한 증오의 마음일까, 두고 보자는 각오일까. 아무튼 이를 물고 그 아저씨 얼굴을 머리에 담고 대문을 나섰다.

용기는 죽었지만 살기 위해서 다음 집에 들어섰다. 아무도 대답이 없는 것으로 보아 빈집이었다. 더 산꼭대기로 올라 외딴집 싸리나무로 만든 대문이 열려 있어 "계세요?" 하고 부르니 아주머니가 부엌에서 나오셨다. "저 고학생인데 배가 고파서 밥 좀 얻어먹으러 왔습니다." 하니까 "아이고, 저런, 불쌍해라. 어서 이리 오너라." 하시어 나는 봉당 디딤돌에 앉았다. "아이고, 아침은 다 먹어 밥이 없고 가마솥에 누룽지가 있는데 그거라도 먹을래?" 하시기에 달라고 했다. 아주머니는 금방 물을 부어 끓인 누룽지를 바가지로 퍼다 주셨다. 그 누룽지는 팥밥 누룽지로 고소하고 맛이 그렇게 좋을 수가 없었다. 허겁지겁 먹고 나니 "더 먹을래?" 하셔서 이따 또 굶을 것을 생각해서 배가 불러도 더 달라고 했다. 억지로 다 먹었다. 잘 먹었다고 인사를 하고 나오려 하자 "학생, 우리도 넉넉하

진 않지만 쌀이 조금 있는데 줄까?" 하시기에 나는 주저 없이 "네, 주세요." 하자 내가 들고 간 미제 우유 깡통(1갤런 용량)에 쌀을 듬뿍 담아 주시는 게 아닌가. 나는 그때 본정신이 아니었다. 이 아주머니의 고마움에도 정신없었지만 한 동네 사람인데 아까 첫 집에서 괄시받고 쫓겨난 생각을 하니 더욱이 마음씨 착한 아주머니의 고마움에 가슴이 벅찼다. "아주머니, 제가 이 신세는 꼭 갚을게요." 인사하고 나와 집을 향해 걷기 시작했다.

나는 국회의원 후보 등록을 마치자마자 제일 먼저 그 옛날 깡통을 끼고 밥을 얻어먹었던 기억을 되새기며 만종마을을 찾았다. 제일 먼저 누룽지 밥과 쌀을 주었던 그 아주머니 댁을 찾아갔다. 그러나 그 집은 영동고속도로로 수용되어 없어지고 지금은 안양으로 이사를 가서 살고 있다고 들었다. 나는 안양으로 이사한 아주머니를 찾는 일을 뒤로한 채, 마을 사람들을 만났다. 과거 밥을 얻어먹으러 왔던 고학 시절을 얘기하며 이 동네를 내 어찌 잊겠느냐며 나의 심정을 부끄러움 없이 털어놓았다. 듣고 있던 마을 사람들은 깜짝 놀라며 온 동네 사람들은 하나같이 나를 적극 지지하기로 단합하고 심지어 상대방 후보 운동원까지도 돌아서서 나의 운동원이 되었다.

나는 국회의원에 당선되고 다시 이 마을을 찾았다. 여간 반가운 게 아니었다. 나는 "여러분의 아낌없는 적극 지지가 저를 당선시켜 주셨습니다. 고맙습니다. 고맙습니다." 연실 고개 숙여 절을 했고 마을 사람들은 환호와 아낌없는 박수를 보내고 마을회관 앞마당에서 숯불을 피우고 삼겹살 구운 고기에 막걸리 잔치를 벌였다.

    그때 나를 반기는 마을 사람들의 환호와 잔치를 어찌 잊겠는가? 그렇다. 이곳은 깡통 거지의 따듯한 제2의 고향이 되었다.

제발 명찰만은 떼지 말지

웅변 특기생으로 인기가 팍팍 올라갔다. 나도 좋고 학교도 좋고 신바람 났다.

그러나 그 기쁨도 잠시뿐이었다. 잔잔한 학교 환경이 바뀌고 나를 보살펴 주셨던 김재옥 교장선생님 입지도 달라지고 나도 덩달아 월납금을 못 내는 체납자가 되었다. 매번 학교에서 수업을 받다 쫓겨나기 일쑤고 심지어 시험을 볼 때는 복도나 운동장에서 보게 한다든지 별별 방법을 다 써서 망신을 주고 툭하면 정학, 제적 등 처벌받는 일이 반복되었다.

한번은 아예 월납금을 낼 때까지 무기정학으로 학교를 못 가고 있었다. 남부시장에 볼 일이 있어 지나가는 도중이었다. 어디서 "원광호!" 부르는 소리가 들려 쳐다보니 건너편에서 조조다 담임선생님이 부른 것이었다. "네." 하고 대답하니 이리 건너오라 해서 횡단보도를 건너 선생님 앞으로 갔다. '열중쉬어', '차렷' 몇 번 반복하더니 갑자기 "너는 오늘부터 대성고등학교 학생이 아니야." 하시며 내 가슴 명찰을 잡고 사정없이 떼었다. 그리고는 나더러 모자 모표 그리고 목 옆에 달린 배지까지도 떼라고 하여 내 손으로 떼어 냈다. "가 봐라." 하여 나는 아무런 말도 못 한 채 돌아섰다. 그때 순간 '혹시나 나를 아는 사람이 보았을까?' 싶었고, 지나가는 사람들이 내가 무엇을 잘못해서 저렇게 야단맞을까 궁금해하는 것 같았고, 길거리에서 창피하고 망신을 당함이 너무나 분하고 화가 치밀었으나 어쩔 도리가 없었다. '이제 학교는 끝났다.' 생각하니 힘이 다 빠져나갔다. 나는 허둥지둥 곧장 평소 웅변을 연습하던 명륜동 공동묘지로 달려갔다. 누구 묘인지도 모르고 묘에 엎드려 펑펑 울었다. 다행히도 외딴곳이라 보는 이는 없었지만 여기서도 창피하고 속상한 건 마찬가지다.

초등학교 때 월사금 열두 달을 못 내 대나무로 양 볼에 열두 대를 맞으며 이를 악물었던 기억이 떠올랐다. 그때보다 몇 배, 몇천 배 분노와 복수심으로 가득 찼다.

그러나 여기서 좌절하면 안 된다고 마음을 단단히 먹었다. 그리고 결심했다. '절대 오늘을 잊지 않으리라! 조조다야.' 내가 반드시 성공하여 내 앞에 무릎을 꿇게 한다고 다짐했다. 나는 내 각오, 결심대로 이를 악물고 앞만 보고 달렸다.

결국 그 결심은 내 가슴에 국회의원이란 금배지를 달아 주었고, 국제 강사 이름도 얻었다. 당시는 그렇게도 밉고, 서럽고, 고통스럽고, 화가 났었어도 그런 날이 있었기에 오늘이 있음을 알고부터는 미웠고 고단했던 과거사를 화해와 용서란 말로 추억 속에 묻어야만 하는 나이가 됐다.

어느새 그렇게도 밉고 야속했던 대나무 자로 볼을 때렸던 매정한 박성깔 선생님, 명찰을 떼었던 조조다 선생님 모습을 그려 보며 승자의 마음으로 용서와 감사함으로 범벅이 된 볼에 흐르는 눈물을 닦고 있었다.

고교생이 국회의원 후보 연설

고등학교 시절 월납금을 가져올 때까지 정학 상태였다.

그렇지 않아도 국회의원 선거가 있다는 소식에 근질근질한데 아는 사람을 통해 거물 정치인 고 박기록 후보의 찬조 연설을 요청받았다. 박 후보 자택을 찾아가 만났다. 그런데 연사비를 하루 이천 원에서 이백 원을 깎아 일천팔백 원에 하자고 말해 액수보다는 쫀쫀하게 푼돈을 깎으려는 속셈을 보고 존경할 인물이 못 된다고 판단, 한마디로 거절하고 나왔다. 그러자 마침 내가 있는 웅변학원으로 정현우 후보가 찾아왔다. 연설원 제안을 받은 것이다. 심사숙고 후 다음 날 중앙동 정 후보 자택을 방문, 내일부터 연설하기로 결정했다. 돈보다는 깔끔하고 예의 바른 태도에 좋은 학벌에 귀티가 나고 무엇보다 사모님이 인정 많아 보이고 집안도 괜찮고 이분이 국회의원이 된다면 장래 배울 것도, 희망도 있어 보이고 이래저래 마음에 들어 연설을 하기로 결정한 것이다. 바로 연설 일자가 잡혀서 공설운동장에서 연설하게 됐다. 마치 내가 후보자가 된 양, 마냥 신났다. 무엇보다 대형 흰 종이에 검은 글씨로 양우정 박사, 정현우 후보, 원광호 선생이 공설운동장에서 연설한다고 원주 시내 여기저기 벽보가 붙어 있어 그것을 보니 말할 수 없이 기쁘고 스스로 대견하다고 생각했다.

그중에서 특별히 대성고등학교 올라가기 전 옛 성냥 공장 벽에 붙어 있는 벽보를 보고 너무 흐뭇하고 자랑스러워 사진까지 찍어 지금도 보관하고 있다.

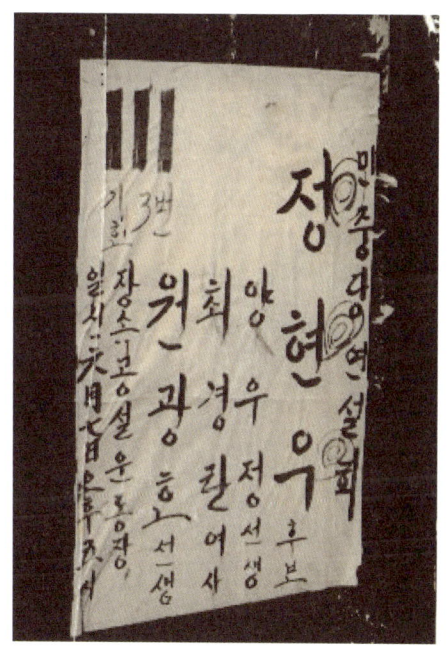

내 이름이 벽보에

무엇보다 대성고등학교 선생님들이 출퇴근하면서 보면 무어라 할까? 내 비록 월납금을 못 내어 등교를 못 하는 신세지만, 연사비 벌어서 밀린 월납금 다 갚고 떳떳하게 복교한다는 일종의 엄포성 메시지랄까? 그리고 훗날 반드시 국회의원으로 입후보하여 내 이름 석 자를 이 벽에 붙일 것이며 또한 국회의원이 되어 당당한 모습으로 나타날 것이라고 다짐했다.

그런데 이 벽보가 사건이 될 줄 누가 알았나. 선거관리위원회에 항의가 들어왔다는 것이다. 원광호는 고등학생인데 어떻게 정치 연설을 할 수 있느냐고 학교에서 이의제기를 한 것이다. 선관위에선 우리는 학생인지 뭐인지 알 수 없고 나이 등 유권자에 피선거권까지 있고 선거 관리 규정에 문제가 없으면 연설원으로 등록이 된다고 답변했다 한다. 내가 연설원 등록을 위해 나이를 올려 신고한 것은 사실이지만 고등학생하고는 아무런 문제가 없었다. 이 문제는 이렇게 넘어갔다.

유진산 선생 강연에 이어 나는 '전진한다 전진한 선생' 대통령 후보 연설장인 원주시 공설운동장에서 처음으로 마이크를 잡았다.

처음에는 사람들이 모이지 않아 실망했으나 시간이 조금 지나자 청중이 늘기 시작했고 더불어 신바람이 났다. 내가 태어나서 이렇게 일반 대중 앞에서 연설하기는 처음이다. 박수도 많이 받았고 끝나고 악수도 많이 했다. 나의 첫 시험 연설은 성공이다. 그다음 정현우 후보 순회 연설회가 계속되었다. 이어 원주, 원성 골목골목을 누비며 일찍이 선거전에 뛰어들어 다양한 경험을 하게 되었다.

그 후 나는 거친 세월을 보내면서 내 모교 대성고등학교 입구에 '원광호' 이름 석 자를 후보로 붙이고 당선되어 찾아가겠다는 결심과 꿈을 실현시키기 위해 이를 악물고 노력했다. 나의 그 꿈은 꿈만이 아니요, 현실로 바뀌었다. 나와의 약속을 지켰고 결심대로 14대 국회의원 후보가 되어 그 자리에 '원광호 벽보'를 붙인 것을 보기 위해 가보았다. 옛 벽보가 붙어 있던 판자벽은 간데없고 대성아파트 입구로 변하여 시대 변화를 실감했다. 성냥 공장 벽 대신 아파트 입구 깔끔한 정문 벽에 국회의원 후보 원광호 벽보가 보였다.

참으로 감격스럽다. 선거가 끝나고 다시 가 보았다. 당선 벽보다. "고맙습니다. 원광호."의 당선 사례 벽보가 자랑스럽고 유난히도 빛나게 대성아파트 주민들에게 보여 주고 있었다.

늦깎이 대학생

　앞서 여러 번 언급한 것처럼 파란만장 우여곡절 인생살이가 얽혀 있다.

　그중 제일 어렵고 힘들었던 것이 대학 가는 일이다. 먹고사는 일도 쉬운 일이 아니었지만 돈을 벌어서 대학에 간다는 것은 노력만 가지고 되는 일이 아니다. 그렇다고 운만 기다리고 있을 수도, 누구를 탓할 수도 없는 엄연한 사실을 어릴 때부터 경험해 와서 잘 알고 있다.

　나는 용기를 내어 대학 입학 합격증과 등록금 납부서를 들고 평소 존경했던 N 주식회사 K 회장을 찾아가 보여 주며 사정을 하였더니 쾌히 승낙, 등록금을 대 주어 대학이란 문턱을 늦깎이로 입학했다. 들어가 보니 예상했던 대로 학우 모두 나보다 동생뻘 젊은이들이다. 그런데 다행히도 나보다 연배가 되는 이 아무개 씨가 있었다.

　이 사람은 탈북민으로 늦게 대학에 온 것이다. 그런데 내가 기대했던 생각은 완전히 빗나갔다. 이분은 수업이 끝나기 무섭게 귀가한다. 어쩌다 교수와 학생 간에 맥주 모임이 있어도 참석을 하지 않는다. 이유는 모르겠으나 아무튼 가까이하기에는 먼 사람으로 나에게는 별 의미가 없었다. 그래서 나는 오히려 외톨이가 되지 않으려 청바지에 빨간 티셔츠, 머리도 항상 다듬어 젊게 꾸미고 행동하여 학우들과 같이 어울린다. 배구, 족구, 맥주, 모두 적극적이었다. 그래서 친구가 되고 잡담도 하고 정보도 교환하고 대학생들의 현주소도 알게 된다. 이래서 여학생이든 남학생이든 나보고 광호 형이라 한다. 이렇게 해서 스스로 외톨이를 면했다.

더불어 아이들이 나를 좋아하는 이유는 법학과 H 교수의 도저히 알아볼 수 없는 한자 약자의 휘갈겨 쓴 칠판 글씨 때문이다.

오죽하면 아이들이 악필 중 악필이라며 노트를 필기하려면 나에게 묻는다. 때문에 차별받지 않고 더 재미있게 공부할 수 있었다.

지금도 가끔 이들을 만나 옛 학창 시절에 있었던 즐거운 추억을 얘기한다.

내 주변에 있는 학령기를 놓친 사람에게 주저 말고 도전하라고 권한다.

그래시 내 권유로 늦깎이 공부를 시작한 사람들과 만나 술 한잔에 과거를 털어놓다 보면 더없는 고마움에 울컥대다가 신나게 웃기도 한다.

늦깎이 대학생으로 성공한 대표적인 사람 중 빼놓을 수 없는 분인 류수노 한국방송통신대학교 총장을 존경한다. 방통대 출신으로는 처음으로 동 대학교 총장까지 오른 분으로 어려운 환경에서 늦깎이 대학생으로 성공한 분이다.

이 외에도 비슷한 길목에서 허덕이며 높은 고지를 향해 끊임없이 도전하고 꿈을 이룬 사례는 의외로 많다.

그래서 다시 한번 젊은이들에게 강조한다. 지금이라도 늦었다 하지 말고 시작하라고….

제 4 장

군대 이야기

훈병의 만용

　세상은 기회라는 것이 있어서 살 만한 것인지도 모를 일이다. 입대한 지 열흘도 안 되어 사단 내 웅변대회가 열렸다. 웅변대회가 있는 줄도 몰랐는데 오후 1시 사단 야외극장에서 웅변대회가 있으니 전 사병은 모두 참석하라는 방송이 나왔다. 웅변이라는 말에 나는 점심밥이 코로 들어가는지 입으로 들어가는지도 모를 정도로 정신없이 허겁지겁 먹고는 내무반장님께 웅변대회에 나가게 해 달라고 말했더니 대뜸 "야, 인마, 저 웅변대회는 몇 달 전부터 각 대대, 연대 예선 대회를 거쳐 뽑힌 사람들이 사단에서 결승 대회를 하는 거야. 쓸데없는 없는 소리 하지 마." 한마디로 거절당했다. 행정반으로 달려갔다. 소대장님한테 사정을 했다. "그래, 이따 중대장님께 말해 볼게. 그런데 안 될 거야." 했다. 드디어 "집합! 집합!" 소리가 들렸다. 소대 앞으로 집합하여 도보로 약 5분 거리를 구호에 맞춰 야외극장으로 갔다. 각 처에서 다 모이고 있었다. 순식간에 극장이 꽉 찼다. 당시 훈련병은 앉거나 서거나 대열에서 허락 없인 한 발짝도 움직이면 안 된다. 중대장 결재만 노심초사 기다리고 있으려니 미칠 지경이다. 이러다간 기회를 놓칠 것만 같았다. 서둘러 내무반장 안내로 겨우 중대장님 앞으로 갔다. "통일!" 내무반장이 중대장에게 말했다, "여기 원 훈병이 웅변에 자신 있다며 웅변을 시켜 달랍니다." "그래, 알았어." 중대장은 신병교육대장님께 가서 보고했다.

결과는 심사하는 시간에 찬조로 하라는 것이다. "네, 감사합니다." 하고는 제자리에 앉아서 사회에서 했던 원고를 되새기며 중얼중얼 외워 봤다. 제목은 「피맺힌 절규」. 나름대로 잠깐 연습을 했다. 벌써 웅변대회가 시작되어 세 번째 연사가 하고 있는 중이다. 그런데 옆 본부중대 기간병 대열에서 웅성대는 소리가 들렸다. 사단에서는 기간병 송대학 병장이 명문대 서울대 다니다 왔다나. 무조건 1등이란다. 그다음은 강릉연대 홍대포가 2등을 할 거라고 떠들어 댔다. 드디어 소문난 그 유명한 송 병장이 소개가 되었다. 그러자 사단이 떠나갈 듯 "야!" 함성과 함께 박수 소리가 요란했다. 나는 갑자기 기가 죽었다. 내가 올라가면 누가 박수를 칠까? 참으로 걱정이 되었다.

어디 보자 벼르며 뚫어지게 바라보았다. 아니 이게 웬일인가. 그렇게 잘한다던 송 병장이 "통일!" 하고 경례까지는 패기 있게 잘 했는데 한참 동안 머뭇거리고 있다. 원고가 생각이 안 나는 것인가? 모두 숨죽이고 기다렸으나 진땀만 흘리고 당황한 채 서 있다가 결국 힘없이 "죄송합니다. 통일!" 하고 경례를 한 후 기권, 내려온 것이다. 아~하! 나에게 절호의 기회가 올 수도 있겠다 싶은 느낌에 점점 흥분되기 시작했다. 어서 사회자가 날 소개하길 간절히 기다리는 심정뿐이다.

이 생각, 저 생각을 하는 동안 벌써 강릉연대 홍대포가 드디어 소개되고 "통일!" 소리에 목청을 가늠할 수 있었다. 그런데 얼마 못 가서 중간중간 원고를 잃어버려 머뭇거렸다. 그러나 제스처도 좋았고, 음성도 좋았다. 드디어 내가 소개되었다.

다음은 신병교육대 3중대 훈병 원광호가 「피맺힌 절규」란 제목으로 웅변을 하겠다고 사회자 성낙정 중위가 나를 소개했다.

아니 이게 웬일인가. 박수 칠 사람이 없을 거라 걱정했는데 소개하자마자 함성과 박수가 쏟아져 나왔다. 아까 송 병장 소개 때보다 몇 곱절 함성이 컸다.

그것은 사단 내 기간병이 아무리 많아야 신병교육대에 비교가 안 되고 또한 더욱 놀랄 일은 기간병은 군복을 깨끗이 다려 입었으나 훈련병들은 오전까지만 해도 무릎이 떨어지고 흙무더기에서 뒹굴다 온 보잘것없는 빡빡머리에 새까맣게 탄 얼굴들이라 누구도 찾기 힘들 것이 똑같이 보이고 볼품없는 게 특징이지만 함성만큼은 기합으로 무장된 훈병의 단합심이 크게 작용한 것으로 생각된다.

바로 그때 내가 단상에 올라가려고 나가자 사단장이 막 도착해 시상식에 상장을 수여하시려고 벌써 건너편 사단장석에 와서 계시고 사회자는 "일동 차렷!" 하고 대표로 사단장님께 "통일!" 하고 경례했다. 사단장은 '계속하라' 지시한 후 자리에 앉으셨다. 결국 내 웅변 모습만 보게 된 것이다. 단상에 올라서 수많은 관중을 보니 우측에는 기간병, 좌측에는 훈련병, 누가 누군지 알 수 없고 오로지 저 높은 상좌에 자리하신 사단장만 보일 듯 말 듯 아물거렸다. 나는 당차게 "통일!" 경례를 붙이고 입을 열었다.

장내는 숨죽인 듯 아주 조용했다. 나는 평소 기본 실력을 유감없이 발휘했다.

한 마디 한 마디마다 감동을 주고 그때마다 박수가 쏟아졌다.

우리 3중대 훈련병 줄도 보이고 왼쪽 둑 위에선 세탁소 아줌마들이 구경하는 모습도 보였다. 참으로 흐뭇했다. 그렇게 해서 무사히 웅변을 마치고 "통일!" 경례를 붙인 후 내려오려고 발을 옮기는 순간 너무 긴장한 탓인지 영양실조인지 갑자기 쓰러지려 하자 사회를 보고 있던 성 중위가 부축하여 간신히 내려와 괜찮다 하고 내 자리에 가서 앉았다. 그런데 아니 이게 또 웬일인가? 지금까지 찬조로만 알았는데 내가 본선 심사 대상에 포함되었고 당당히 1등으로 발표가 되는 것이 아닌가?

심사평에서는 7분 원고에 박수가 11번이었다고 치켜세웠다.

야외극장은 함성으로 가득 차고 드디어 시상식이 있다고 하자 사단장은 벌써 단상에 서시고 1등 신병교육대 훈병 원광호, 2등 15연대 상병 홍대포, 3등 본부중대 병장 김학두가 소개되었다. 3명은 나란히 사단장 앞에 서서 단체로 사단장님께 "통일!" 경례를 했다. "훈병 원광호 앞으로!" 사단장은 내게 줄 상장을 들고 계시고 사회자는 상장 내용을 읽어 내려갔다. 그런데 사단장 이름만 들었고 외웠지 바로 그 이희성 장군을 그때 처음 보았다. 정말 사단장 군복은 매우 근엄하게 보였고 장성 지휘관 벨트는 유난히 빛났다. 그보다는 모자에 반짝이는 별, 이는 대단한 존엄이다.

군 계급을 따져 보니 훈련병이 있고 훈련병이 제일 무서워하는 계급이 작대기 하나 이등병에 2개가 일등병, 작대기 3개가 상병, 4개가 병장, 그 위가 하사, 중사, 상사, 준위, 소위, 중위, 대위, 소령, 중령, 대령, 별 하나가 준장, 2개가 소장, 3개가 중장, 4개가 대장이다. 이래서 하늘과 땅 차이인 것을 알 수 있었다.

아무튼 가슴 벅찬 상장을 받아 들고 거기에 사단장 별이 빨갛게 새겨진 시계를 사단장이 직접 손목에 채워 주니 참으로 영광스러운 순간이었다.

거기다 사단장님은 신병교육대장을 불러 특별히 이 훈련병은 밥만 먹고 웅변 연습만 시키라는 특명이 떨어졌으니 이건 보통 사건이 아니다.

이날을 어찌 잊으리. 이날부터 나는 밥만 먹으면 사단 연병장 단상 아래며, 미루나무 그늘 밑을 찾아 웅변 연습을 하는 훈련병이 되었다.

그 덕분에 훈련을 마치고 사단 대표 웅변선수가 되어 사단에 배치된 것이다.

그런데 군에는 웅변 주특기가 없다. 그래서 사단 통신 방송요원으로 발탁되었다.

군대는 2등이 없다는 교육을 받았다. 나는 1등만을 위한 피나는 노력을 했고 원고를 퇴고하고 다시 쓰고 외우고 목이 아프도록 연습하며 최선을 다했다. 대부분 군 웅변은 '때려잡자 김일성' '초전 박살' 등 주로 악랄한 공산당을 때려잡자는 반공 웅변으로 특색이 없이 반복된다. 나는 이 점에 착안해서 차별화되고 좀 더 강한 웅변을 하려고 안간힘을 썼다. 그래서 수많은 원고 중에서 군 반공 웅변대회 일등을 놓치지 않았던 내용 한 구절은 지금도 생생하여 적어 본다.

나는 적과 싸우고 또 싸우고 싸우다 지쳐 쓰러지고 또 쓰러진들,
아니, 내가 싸우다 쓰러진 백골 위에 할미꽃 피고 종달새가 지저귄다 해도,
진정, 이 땅 위에 전쟁 없는 나라, 영원한 자유와 평화가 뿌리박는다면
나는 저 영혼에 가서 영원히 즐겨 노래하겠노라고 이 용사의 피맺힌 절규를 쏟아 놓습니다.

나는 군 복무 중은 물론 전역 후에도 예비군 웅변대회에서도 이 이상 절규와 호소력은 없으리라 생각하고 매진했다. 그것은 1등을 양보할 수 없는 이유요, 1등 자리를 지킬 수 있었던 비결이었다고 믿는다.

그날 무슨 배짱으로 훈병 몸으로 그 무서운 상관에게 겁 없이 웅변대회에 나가겠다는 만용을 부릴 수 있었는지 모른다.

하지만 그 만용은 나를 버리지 않았고 오늘의 나를 있게 기회를 만들어 준 사건이 되었다.

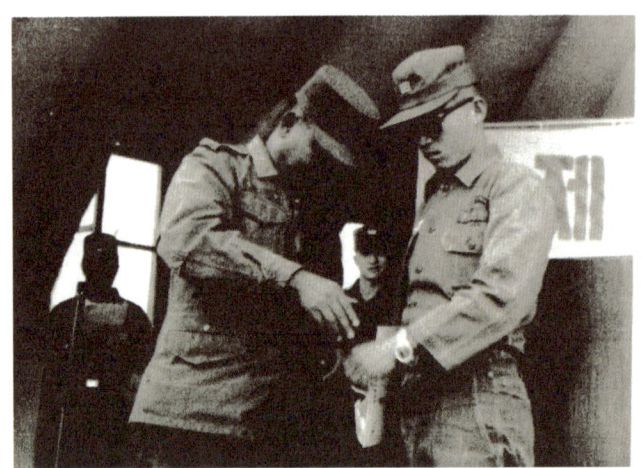

웅변 1등 상으로 시계(상병때)

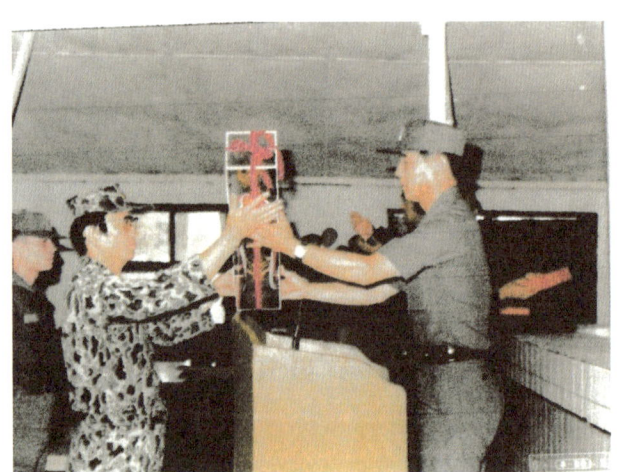

예비군에서도 1등 휩쓸어

방송 사고

훈련병 교육 수료 후 웅변 덕분에 사단 방송실에서 근무하게 됐다.

사단 방송실은 기본적으로 기상나팔 방송을 시작으로 오전 일과 끝, 오후 일과 시작, 오후 일과 끝, 취침 등을 알리는 방송 그리고 간간이 음악을 틀어 주고 '치악의 소리' 방송을 한다.

말이 기상나팔이지 나팔 소리는 때마다 나팔수가 나와서 마이크에 대고 나팔을 부는 것이 아니다. 사발시계가 5분 전에 따르릉 알려 주면 녹음기를 예열시키고 있다가 분침 시곗바늘이 12시에 정확하게 닿으면 녹음한 나팔 소리를 틀어 주는 것이다.

아침 기상나팔은 오전 정각 6시에 방송을 내보낸다. 때문에 방송실 근무자는 일찍 깨서 사전에 준비하고 있다가 정시에 방송이 나가도록 신경 써야 한다. 하지만 나와 같이 근무하는 안광모 상병은 이른 아침 일어나기를 싫어하며 무척이나 꾀를 부리고 서로 하라고 떠넘긴다.

군 생활자는 누구든 공통점이 아침 기상 때는 단 1분이라도 일어나기 싫어서 꿈틀댄다. 더구나 추운 겨울에는 모포 속에서 나오기가 싫다. 그래서 우리는 방법을 연구해 냈다. 이 방식은 순전히 내가 연구한 것이다. 기막힌 아이디어였다. 모든 장비를 다 틀어 놓는다. 전선을 이어 전원 스위치(동그란 밤색 형광등)를 모포 속으로 끌고 가 사발시계를 머리 위에 놓고 자자다 새벽 5분 전 6시에 시계가 울리면 스위치를 눌러 예열 후 정각 6시가 되면 녹음기가 자동으로 돌아가게 한 것이다. 성공이다. 이렇게 매일 아무 문제가 없었다. 그런데 사고가 났다. 대형 사고다.

다음 날 전과 같이 5분 전 6시가 되어 모포 속에서 스위치를 누르고 둘이서 태연하게 아침잠에 빠져 있었다.

이게 웬일인가? 갑자기 문을 발로 쾅쾅 차는 소리가 들린다. 호랑이 참모장이 오신 것이다. "나 참모장이다." 그 고함 소리는 지금도 생각하면 놀란다. 방송이 안 나간 것이다.

기상나팔 방송 안 나가면 사단 전체 기간병은 물론, 그보다도 신병교육대 8개 중대 훈련병들이 자고 있고, 식당 식사 시간부터 훈련병 교육에 차질이 이만저만이 아니다.

팬티 바람으로 튀어나오다 아니다, 바지~ 바지~ 황급히 옷을 입으려 하니 단춧구멍이 제대로 맞지 않는다. 아무튼 우리는 속수무책으로 문을 열었고 참모장은 화가 있는 대로 나 있다. 우리의 당황한 모습을 보고 기가 찬 눈빛으로 문을 쾅 닫고 휙 나가셨다. 우리 둘은 '초죽음이다.' 벌벌 떨었고 소령 정훈참모에 정훈장교 중위에 중사, 병장, 난리가 아니다. 자체 보고를 할 사이 없이 바로 사단 헌병대가 왔고 조사대에 앉게 됐다.

조사에서 진술한 사연은 이렇다. 겨울에 추워서 나오기 싫어 스위치를 잠자리 모포 속으로 끌고 가 시간이 되어 누르고 방송이 나간 줄만 알고 다시 잠들었다. 그런데 작동이 안 돼서 방송이 안 나갔다고 진술했다.

작동이 안 된 이유를 살펴보니 모포로 끌어간 가느다란 흰 스위치 전선 한쪽을 쥐새끼가 갉아 먹어 전기가 단전된 것으로 판명됐다. 정말 기가 찰 일이다. 우리 둘은 즉각 사단 영창에 입창이다. 그런데 문제가 생겼다. 둘 다 영창에 집어넣으려 하니 당장 방송을 할 수 없는 노릇이다. 하는 수 없이 주범인 나만 영창에 가두고 안 상병은 바로 풀려나 방송을 이어 가기로 했다. 나도 처음에는 15일이라고 했다가 3일도 못 가서 없던 것으로 처리돼 훈방으로 풀려났다.

그런데 한 번 실수니 관대하게 용서해 주는 줄만 알았다.

그러나 내게 배정된 또 다른 임무가 있었으니 새벽에 원주 시내에 가서 신문사를 돌며 각 신문들을 모아 와 사단 전체에 배부하는 일이었다. 갑자기 신문 보급이 중단되고 당장 그 일을 맡길 대체병이 없다. 어쩔 수 없는 선택이었을 것이다.

야무진 꿈을 다지고 있는 군인

명색이 PIO란 글자를 팔뚝에 새기고 다니는 사단에서는 하나뿐인 특권 아닌 특권을 누리는 군인이었다.

문화선전대

나는 제8899사단 문화선전대원이다. 사단 공연단 단원이다. 문화선전대는 정훈참모가 대장이고 아래에 중위 정훈장교가 있으며 중사가 단장, 단원으로 현역 사병과 쇼단, 민간인 가수 두 명과 연출 감독 한 명, 운전병까지 모두 스물세 명이다. 그 안에서 연극배우를 비롯하여 가수, 밴드 조 등 다양하게 역할을 맡고 있다. 나는 그중에서 연극배우요, 반공강사다. 한마디로 인기를 독점하며 다양한 역할을 담당하고 있었다.

문화선전대 강연

여기에 순회공연 대상이 주로 강원도이고 나 또한 강원도 출신이다 보니 안내부터 섭외도 한다. 보통 우리 단원들은 연극 대본과 계획이 떨어지면 거의 한 달 연습에 공연이 약 사십여 일 걸린다. 사단에서 시범 공연을 맛보기로 하고 출발하여 사단에서 파견 나가 있는 동해안 군부대와 인근 부락 등을 순회하며 공연한다. 공연 장소는 대부분 군부대와 주변 학교 운동장이며 저녁 식사 후 공연은 시작된다. 제일 먼저 막이 열리기 전 등단하여 인사말로 시작한다.

"안녕하십니까? 제8899부대 문화선전대 쇼에 참석해 주신 장병 여러분! 그리고 주민 여러분! 진심으로 환영합니다." 꽈꽈광 효과 음악 소리가 마을을 덮는다. "그 첫 번째 순서로 여러분의 사랑을 듬뿍 받는 가수 송춘희 씨를 소개합니다." 유창한 사회는 초장부터 분위기를 사로잡는다. "다음은 연극 「돌아온 아들」 막을 올립니다. 뜨거운 박수로 환영해 주시기 바랍니다."

악랄한 북한 괴뢰 수용소를 탈출, 목숨을 걸고 자유를 찾아 귀순하여 그리운 어머니를 극적 상봉하는 내용으로 차마 눈물 없이는 볼 수 없는 애달픈 사연을 구슬프게 연기하면 야외극장은 여기저기 훌쩍훌쩍 울기 시작한다. 금세 눈물바다를 이룬다. 바로 이런 명장면을 연기하는 명배우로서의 인기를 독차지하게 된다. 연극이 끝나면 바로 반공 강연이 시작된다. 강연 연사는 당연히 나다.

그 시절에는 삼척, 울진 공비 침투 사건이 일어날 때이므로 주로 해변가 지역 주민들에게는 아주 중요한 강연이다. 나의 우렁찬 목소리는 확성기를 통해 온통 한 고을을 뒤집는다. 강연이 끝나면 여군인 가수 중사, 하사가 소개된다(실제는 여군을 가장). 계속 등장인물이 바뀌며 흥을 돋운다. 한 시간 반에서 두 시간가량의 공연을 마치고 마지막 인사로 막을 내린다. "감사합니다. 감사합니다."

"이것으로 제8899부대 문화선전대 순회공연을 모두 마칩니다."

"안녕히들 돌아가십시오." 인사로 막을 내린다.

연극이 끝나고 무대 뒤로 퇴장하면 시골 아가씨들은 물론 아줌마들도 뒤로 찾아와 사인을 해 달라거나 주소 좀 알려 달라고 한다. 요즈음 애들 말로 인기 짱이다.

당시 나의 군복은 미색 카키복으로 반지르르했고 주름을 잡아 입고 나서면 처녀들이 반할 만하게 멋져 보였다. 모습만 봐도 가슴 설레게 멋이 있는데 거기다 연기에, 강연까지 잘하니 당연히 인기를 독차지하는 것은 물론 부드럽고 친근함까지 더해 관중들 앞에 다가가면 말 한번 건네 보고 싶은 것은 자연스러운 일이다.

모였던 관중들은 뿔뿔이 흩어지고 우리 단원들은 짐을 챙겨 지정된 숙소(대개 여관)로 갔다. 그런데 나는 단원 중 제일 졸병으로 무대를 지켜야 했다. 무대래야 고작 운동장에 드럼통을 받침대로 받치고 그 위에 합판을 얹어 짠 것이고 지붕은 아예 없이 사방으로 천막을 친 곳이어서 드러누우면 하늘의 별들이 보이고 비가 쏟아지는 날에는 모포를 있는 대로 덮고 자야 했다. 그래도 아무 탈 없이 밤잠을 잘 수만 있다면 천만다행이다.

당시 군대는 군기를 잡기 위해서, 기합과 빳따는 시도 때도 없었고, "집합!" 하면 단체요, "너 나와." 하면 빳따를 맞는 시대다. 그때는 힘들었지만 지금 생각하면 재미있었던 추억이다. 그래서 세월이 흘렀어도 남자 셋만 모여 군대 이야기만 나오면 밤을 새워도 모자란다.

나도 할 말이 많은데 이왕이면 그때 같이 문화선전대대원으로 고생했던 전우들을 만나 수다를 떨고 싶다. 지금은 어디서 무엇을 하며 살고 있는지? 생각나는 대로 기억해 본다. 대장에 모범장교 신동호 소령 정훈참모, 깔끔이 정훈장교에 성낙중 중위, 깜쟁이 단장에 오남○ 중사, 그리고 신사 문○○ 상사, 인상파 배우 이의준 병장 인천, 드럼에 털털이 윤영달 병장 안양, 기타에 조성훈 병장 호남, 기타에 청량리 갈비 박○○ 병장 청량리, 기타에 호탕 ○○○ 병장 영남, 나팔에 빼빼 나인구 병장 인천, 나팔에 짜리 조병구 병장 인천, 만담에 장영수 병장 인제, 가수에 꾸부정 민병수 병장 여주, 가수 낄낄이 대구 조○○ 병장, 연출감독 멋쟁이 박○○ 단장, 여가수 송춘희, 여가수 ○○○, 수송에 땅다리 김○○ 병장 이외 생각이 잘 안 난다. 아무튼 "본인이거나 주변 아는 분은 연락 주시면 후하게 대접하겠습니다."라고 광고를 하고 싶다.

군 역사의 추억이라 할까. 재미난 나의 군대 이야기로 마냥 떠들고 싶어진다.

거짓말의 대가

나는 앞서 소개한 바와 같이 고등학교 2학년이 되면서 웅변 반장으로 임명받았다. 웅변 반장 임무는 중, 고등학교 전체 교실을 돌며 웅변 반원을 모집하고, 연습에 훈련을 거듭하여 웅변 선수를 키우는 것이다. 모집에 지원한 반원 중에는 중학교 학생부터 고3 선배도 있다. 웅변 반원을 희망하면 일단 일종의 목소리 테스트 심사를 거친다. "아~ 아." "아~ 아." 작게 크게 소리를 질러 보게 한다. 그리고 원고 하나를 주고 몇 줄을 시켜 본다. 지원자 중에 이청량이 있었다. "이청량, 나와서 소리 질러 봐." "아~ 아~ 아~ 어머니! 여러분!" "아주 좋아." 청량이는 청량한 목소리로 호소력 있게 소화해 낸다. "그만, 잘했어. 청량이는 합격. 열심히 하자." 등을 두드리며 칭찬하자 "고맙습니다." 그 후 형이요, 웅변 제자가 된 셈이다. 청량이는 목소리가 나보다 몇 곱절 낫다. 대회 성적도 최고이고 어느 것 하나 흠잡을 것 없는 웅변가다. 그러나 그의 원고가 문제였다. 나는 충고했다. 너의 원고는 처음부터 끝까지 모두가 거짓말이다.

"오늘 아침 동작동 국군묘지 이름 모를 용사의 비석 앞에서 장대비를 맞으며 슬피 울고 있던 한 사나이가 있었으니 그는 다름 아닌 나의 둘째 형.", 이뿐만이 아니다. 쨍쨍하고 맑은 날씨인데 "지금 밖에는 보슬비가 오고 있습니다." 등 진심이 아니면 안 된다고 그렇게 잔소리를 했건만 사회인이 되어서도 거짓말은 습관이 되어 어느 날 신문 1면에 엄청난 범죄 기사가 크게 보도된 것을 보았다. 매우 잘못된 것이다. 너무 어이가 없었다. 말 잘하는 사람은 그걸 수단으로 착각한다. 하면 할수록 수단에 넘어가는 것에 대한 흥미를 느끼고, 만족감이 더 심해진다. 진정한 웅변가는 1등을 원하기 전 나 자신이 진실을 말하고 운전하는 훈련이 필요하다. 이 훈련이 부족했던 것으로 판단된다. 매우 가슴 아픈 일이며 다시 한번 거짓말의 대가가 얼마나 큰지를 깨닫는 기회가 되었기를 바랄 뿐이다. 그렇다면 나는 거짓말을 안 했을까? 아니다. 해도 아주 크게 했다. 나 또한 거짓말 때문에 뼈저리게 후회했던 과거가 있었다.

1960년대 벌거벗은 산을 푸르게 만들자는 취지에서 정부가 전국 국토 산림녹화 사업이 한창일 때 마을이나 단체가 공동으로 아카시아나무 씨앗을 따서 모으는 일을 했다. 나도 참여하여 아카시아나무에 올라가 작업하다 오른손 손가락이 가시에 찔렸고 이게 부어서 고름이 나서 고생했다. 아픈 손으로 웅변 원고를 쓸 수가 없었다.

이때 오른손을 못 쓰는 사람의 고통을 상상하다 지금껏 썼던 원고를 찢어 버리고 제목을 '곰배팔'로 바꿔 그들의 심적 고통과 불편 등을 써 내려가 동정심을 유발하고 남다른 인내와 노력으로 두 팔이 멀쩡한 사람

보다 성공한 미담을 엮어 원고를 완성 시키고 연습하여 1등을 했다.

이 경험을 살려 '월남참전전우회' 주최 전국 반공 웅변대회가 있어 나갔다. 장충동 자유회관에서의 일이다. 이것이 바로 곰배팔 사건이다.

곰배팔 사건

오른손 소매를 비틀어 손목을 꺾어 쥐고 흰 장갑을 낀 채로 등단, 등단하자마자 "바른손 못 쓰는 왼손잡이 사나이 곰배팔 원광호입니다." 초장에 청중 시선을 확 잡았다. 세계 유명 웅변가 『백만인의 웅변술』 저자 미국의 엘마 휠러가 주장하는 "최초의 10초가 10분, 1시간을 좌우한다."가 딱 맞아떨어지는 순간이다.

첫 시선 집중, 성공이다. "이국땅 월남, 말만 들었던 전쟁터를 실감하는 순간 나는 벌써 맹호 작전 실전에 배치, 작전에 투입되었습니다. 이동하는 순간 어디선가 날아드는 총알 세례와 포탄을 맞아 내 옆 전우가 팔다리가 날아간 채 쓰러져 있었습니다. 나는 내 손목이 날아간 줄도 모르고 이 전우를 부둥켜안고 얼굴을 살펴보니 아니 이게 웬일인가? 그는 바로 내 옆 전우 우 상병이 아니던가." 곰배팔 모습으로 귀국한 월남전 용사의 모습을 재연한 웅변으로 대회장을 눈물바다로 만들었다. TV 카메라, 사진기자 할 것 없이 눈부신 라이트를 비추며 취재 경쟁이다. 어떤 이는 나에게 1등이라 귀띔해 주고. 기자들은 질문을 쏟아 낸다.

"월남은 언제 갔어요?", "맹호부대 소속이 맞나요?", "계급은요?" 그중 한 기자 질문에 말을 잃었다. 대대와 연대를 몰랐다. 맞다. 나중에 알고 보니 연대는 대대보다 상위 부대였다. 큰 大 자, 대대가 더 높은 줄만 알고 말을 잘못한 것이다. 군대를 안 가 본 내가 연대, 대대를 알 리 없고 더욱이 월남 파병은 무슨? 나는 질문을 피하기 위해 화장실이 급한 핑계를 대고 황급히 뛰어 들어갔다. 화장실 안에서 거짓말한 양심의 공포에 겁을 먹었다. 영광의 상을 받기 전 월남 참전 전우들한테 가짜가 탄로 나면 맞아 죽을 것 같아 도망가야 했다. 화장실 앞에서는 기자들이 내가 나오기만을 기다리며 수군덕대고 있었다. 나는 속으로 하나, 둘, 셋을 세고 문을 박차고 뛰어나와 나 살려라 도망쳤다. 약수동으로 뛰어 내려와 무작정 버스를 올라탔다. 도둑질도 안 했는데 왜 내가 도망자 신세가 되었는지? 나는 그제야 양심을 속인 자체가 잘못이요, 수많은 대중 앞에서 거짓말을 한 벌로 법 이전에 양심적 죄에 대한 대가를 단단히 치러야 했다. '곰배팔', 이것은 내 삶의 크나큰 교훈이었다.

웅변뿐만 아니라 거짓말은 이유 불문하고 해서는 안 된다는 깊은 반성으로 마음을 다졌다. 선의든 악의든 거짓말은 습관이 되고 나아가 거짓말쟁이 사기꾼이 되어 큰 범죄자가 된다는 것을 뭇사람들에게 누누이 강조하고 있다.

그 후 다시는 웅변도 안 할뿐더러 어디서든 웅변했다는 사실조차 말할 수 없었다.

그래서 하루는 날을 잡아 웅변 상장, 트로피, 상패를 리어카에 싣고 외딴 밭에 가서 도끼로 부쉈다. 그때 빛바랜 상장 한 장 한 장을 들춰 보니 특이한 상장도 있었다. 상장을 잃어버려 미농지에 상장 확인서를 받은 것부터 찢어진 상장에, 색깔도 종이도 크기도 다양했다. 처음 상장을 받았을 때는 큰 액자에 넣어 문지방 위에 걸어 놓고 드나드는 사람에게 자랑하다가 상장 수가 늘어나자 사방으로 붙여 놨다가 다음에는 철끈으로 구멍을 뚫고 줄을 꿰어 창고에 보관돼 있었던 것들이다. 다 없애고 나니 아쉬웠다. 사진이라도 찍어 놓을 것을 후회하다가도 아니다, 그걸 보면 더 괴로울 것 같아 속 시원하게 잊고 있다. 시원섭섭했다. 어릴 때부터 지금까지 슬픔과 기쁨으로 얼룩진 이 상장들을 태우려니 무척이나 섭섭하고 차마 보고 있을 수 없어 직원에게 맡기고 먼저 집으로 돌아왔다.

그런데 다행히도 오래전 몇 장 찍어 놓은 게 있어 이나마 보고 기쁘고 슬펐던 옛 생각을 해 보며 웃어도 보고 울어도 본다.

이 기회에 호소한다. 거짓말의 대가는 크다는 것을, 그리고 거짓말로 1등을 하는 것보다 진실을 말하여 꼴찌를 한 사람이 진정한 웅사(雄辭)라고.

전국 웅변대회 1등 상을 받고

웅변대회 상장들

웅변심사위원장으로서 심사평

제 5 장

사회 초년 시절

명함 한 장으로 일어나

군 제대를 앞두고 여러 가지 계획이 있었으나 막상 제대하고 나오니 만만치 않았다. 우선 가진 밑천도 없어 사업도 할 수 없고 직장을 구하자니 제한된 봉급자가 되는 것은 싫었다. 남보다 몇 곱절 노력하여 짧은 기간에 좀 더 많이 벌어야 내가 원하고 꿈꾸는 정치, 국회의원을 할 수 있다는 생각에 고수입을 올려야만 하는 조급함이 앞섰다. 이렇게 일정한 수입 없이 이리저리 돌아다니다 보니 있던 돈도 다 없어지고 주머니에 가진 거라고는 단돈 100원뿐이다. 당시 밥 한 끼에 제일 싼 집이 80원이고 제일 싼 하숙집이 300원이었다. 저녁밥을 먹고 나면 20원이 남고 잠잘 돈이 없다. 무작정 힘없이 동대문 옆 호텔 모퉁이를 지나 신설동 쪽으로 걷다가 유리창에 '명함 하청'이라고 붙어 있고 도장도 새기고 있는 것을 보았다. 옳다, 잘됐다 싶어 들어가 "명함 하청합니까?" 물으니 그렇다고 한다. "한 갑에 얼마입니까?" 250이란다. 그럼 견본 몇 장만 달라 하고 도화지(지금 A4 용지) 한 장 달라 하여 그 자리에서 명함을 풀칠해 붙이고 명함 견본판을 만들고 나섰다. 명함 주문받는 영업을 하기 위해서다. 이 가게로 들어갈까 말까, 저 빌딩으로 들어갈까 망설여진다. 이러다가는 용기가 안 나 한 집도 못 들어가고 포기할 것 같아 마음을 가다듬고 큰기침 한 번 하고 3층 건물 맨 위층 첫 방부터 차례로 문을 열고 들어가서 "명함 인쇄하시지요." 권하였으나 들어서자 무섭게 "아~ 아, 필요 없어요. 나가요, 나가." 손짓이 무척이나 냉정하고 싸늘하고 거칠었다. 그러나 나는 여기서 밀려 포기하면 당장 먹고 잘 곳이 없는 절박한 현실을 알고 있기에 그래도 하나쯤은 걸리겠지 기대하고 한 칸 한 칸 빠트리지 않고 들렀다. 금방 필요 없다고 손으로 내친 사람이 몸은 이미 나오고 문을 닫으려는 순간 "잠깐만!" 한다. "명함 한 갑에 얼마요?" "예, 500원입니다." "그래? 다른 곳에선 1,000원인데 왜 그리 싼 거요? 혹시 질이 나쁜 것 아니야? 어디 보자."라고 해 견본을 보여 주니 "이런 거면 됐어. 두 갑만 해다 줘요."라고 했다. 나는 그 자리에서 두 갑을 주문받았다. 나는 단숨에 하청 집에 달려가 "이분이 지방에 가기 때문에 바로 해서 가져다 달라고 했어요." 하며 해 달라니까 "명함은 그렇게 빨리 안 된다."라고 중얼대는 것이다. 이번만 봐 달라고 통사정하니 다음엔 이삼일 잡으라고 해서 그렇게 하겠다고 하고 오후 3시에 오라 해서 가 보니 다 만들어져 있었다. 그런데 막상 찾으려 했으나 나에겐 찾을 돈 500원이 없었다. 나는 사장님에게 "저 사장님, 이 안경을 맡기고 갈 터이니 명함을 주시면 안 될까요?" 하니 "그러시유." 하며 명함을 내주어 받아 들고 주문한 사람한테 찾아갔더니 "어허, 이 사람이 어떻게 이렇게 빨리 해 왔어?" 좋아하며 돈 1천 원을 주어 받았다. "야, 너도 해." 주문한 사람이 옆 사람에게 권했다. 덩달아 두 갑씩 두 사람 것을 주문받았다. 이렇게 해서 오뚝이 인생이 시작되었다. 그 길로 인쇄 주문 세일즈에서 인쇄소 전문가가 사장까지 되어 인쇄 골목에선 꽤 알아주는 인물로 단골 다방에 들어서면 제법 사장 대접을 받았다.

서울 육교는 내 것

　인쇄 골목에서 또 다른 정보를 들었다. 더 큰 돈을 벌 수 있는 것이 광고 사업이다. 당시는 예비군 교육이 철저하게 진행될 때였는데 예비군 교육 공고판 광고 사업 정보다. 신문 한 장 크기의 아크릴판에 예비군 지역 중대 예비군은 ○○일 ○시 ○○장소에서 예비군 교육이 있으니 꼭 참석하라는 공고문이 있고 그 아래 ○○ 안경점 광고를 하는 것이다. 한참 재미를 보는데 시행령이 바뀌어 자동 포기할 수밖에 없었다.

　이때 서울 신설동 만물집합소를 알게 되었다. 건너편 청계 8가에는 전국의 고물이란 고물은 다 집합되는 곳으로 오만 가지 없는 게 없었다. 고물 시계도 됫박으로 팔고 구두, 그릇, 공구, 전자 제품 등 다양했다. 이런 물건들은 대개의 경우 거의 화재, 수해, 팔다 실패한 것, 오래된 골동품 등 다양한 이력이 붙은 물건들이 땡처리(덤핑) 업자들에 의해 이곳 신설동으로 집합되는 일종의 창고 떼기 사업이다.

　아무런 전문성도 경험도 없이 무조건 싸면 맡는 것이다. 한번은 소규

모 창고 떼기 물건 중 책을 팔기로 했다. 책은 서울시 외곽에 떨어져 있는 창고에 쌓여 있었다. 이것을 창고업자가 문만 열어 보이면 얼마에 흥정하여 몽땅 가져오는 유통 구조였다. 나는 평소 거리를 다니면서 무엇이고 돈이 된다면 못 할 게 없었고 경험 따위는 따져 볼 생각 자체를 안 하고 무조건 덤벼들었다. 이유는 간단하다. 원체 맨주먹뿐이라 털어먹을 걱정도 없고 실패를 두려워할 이유가 없기 때문이다. 노력 끝에 운이 따라 재미를 보면 다행이고 손해 볼 일이 없기 때문이다. 당시 육교 위나 지하도에서 책을 판다는 것은 누구도 생각하지 않았다. 다른 곳은 이미 좌판(물건을 팔기 위해 거리에 펴 놓은 곳)이 깔려 있어 펴 놓을 틈이 없다. 그러나 육교나 지하도는 가끔 비어 있을 때가 있었다. 과연 이런 곳에서 무엇을 팔 수 있을까 생각을 많이 해 왔던 차에 책을 팔면 잘 팔릴 것 같다는 생각이 들어 마음먹고 시작했다. 우선 사람이 제일 많이 다니는 명동 육교를 첫 번째로 택했다. 그리고 혹시나 알아보는 사람이 지나가다 볼까 두려워 밤을 택했다. 그래도 불안해서 안경에 잉크 칠을 하고 빵모자를 푹 눌러썼다. 그리고 거울 앞에서 점검해 보았다. 이만하면 완벽했다. 낮에는 무더운 날씨 탓에 안 될 것 같아 피하고 해가 넘어갈 무렵 무작정 책을 택시에 싣고 명동으로 갔다. 당시에는 명동 육교가 있어서 여기에 자리를 깔고 책을 펴 놨다. 처음에는 아무 말 안 하고 있으니 사람들이 쳐다보지도 않고 책값을 표시하지 않아 싼지 비싼지 알 수가 없었다. 어떻게 팔아야 할지 막막했다. 한참 궁리 끝에 생각이 났다. 옳거니, 워낙 책값이 싼 정도가 아니라 종잇값도 안 된다는 점을 활용해야지. 세계 인물 전집 48권이 5,000원 정도면 되고, 영어 콘사이스 1권에 정가가 2,500원인데 100원 정도면 적당하다. 워낙 싸게 계산된 것이니 원가나 판매가나 따질 필요가 없이 무조건 주는 대로 받아도 남는다는 막연한 생각에 그때부터 소리를 질렀다. "돈을 세어 보지 않고 책 파는 곳, 마음대로 여기 주머니에 넣고 가져가세요." 하고 고래고래 고함을 질렀다. 초저녁에는 사람들이 거들떠보지도 않았다. 관심 없이 지나간다. 밤 11시 가까워지면서 술 한잔 마시고 취한 김에 지나가던 어느 행인이 관심을 보였다. "어, 그래, 정말 안 세어 보고 준단 말이지?" "아, 그럼요." 주머니를 벌리면서 말했다. "여기 주머니에 양심껏 주고 싶은 대로 넣고 집어 가세요! 어떤 책이 필요하세요? 전집부터 사전, 소설, 시집, 집어 가세요." "나 이거 가져가려는데 얼마 주면 돼?" "여기 주고 싶은 대로 집어넣고 가져가세요." "그래? 만 원뿐인데." 하며 전집을 들으려 한다. "그건 좀 너무한데요, 조금만 더." "좋아, 5천 원 더 줄게." "그래요." 하고 전집을 들으니 무게가 보통 무거운 게 아니었다. 나는 질빵을 만들어 주었다. 사실 만 원만 받아도 남는 장사다. 2,500원짜리 사전도 아무리 싸게 가져가도 500원은 주고 간다. 삽시간에 완판이다.

이렇게 재미 들여 서울역 지하도, 을지로, 신설동, 서울 사대문 안, 사람이 많이 왕래하는 곳은 내가 점령했다. 이제 장사는 다른 사람에게 시키고 나는 책 배분, 배달, 공급과 수금만 하면 된다. 제법 식구가 늘어나 7~8명이 되어 재미를 보았다.

하루는 제1호점인 명동 육교에서 책을 펴 놓고 한창 고객이 모여드는

데 관할 파출소 순경이 치우라고 훈계도 하고 어떤 경찰은 육교를 올라오면서부터 호들갑을 떨며 무슨 일이라도 난 양 호각을 불어 대며 올라와 펴 놓은 책을 발로 차 대며 치우라 하기도 한다. 처음에는 무서웠지만 이제는 으레 겪는 일로 그러려니 대수롭지 않게 치우는 척하다가 또 펴 놓고 팔곤 했다. 그런데 문제가 발생했다. 이날은 호되게 단속에 걸렸다. 물건을 팔던 내 부하가 파출소로 연행되어 갔다는 연락을 받고 새벽에 찾아가 사정하여 나왔다. 이런 일이 반복되다 보니 이것도 계속할 게 못 된다는 판단에 하는 수 없이 접게 되었다.

다음에 선택한 것이 신발 장사다.

눈물 젖은 신발

성재 아빠는 법 없이도 산다는 아주 착한 사람이다. 자전거로 구멍가게에다 아이스크림을 파는 일을 했다. 성재 엄마는 작은 키에 뚱뚱했다. 인정이 많아 항상 나에게 먹을 것을 잘 챙겨 주었다. 성재네는 서대문 금화아파트 상가 2층에 살았다. 나는 성재 아빠에게 내가 신발을 무지무지하게 싸게 살 수 있는 땡처리하는 곳을 알고 있는데 그걸 사서 팔아 보자고 꼬드겼다.

신설동 신발 땡처리 창고를 부여 주었다 창고 문을 여니 신발이 들어 있는 자루가 창고에 가득하다. 한 자루에 얼마인지 하도 세월이 오래돼서 기억이 안 난다. 경험 삼아 두 자루를 사서 다음 날 우리는 신발 한 자루를 간신히 들고 현저동 교도소 아래 버스정류장으로 내려왔다. 목적지도 정하지 않고 무작정 서 있다가 버스를 탔다. 그런데 이 버스는 종로로 가는 버스다. 번득 생각에 종로통은 돈 많은 사람들 거리로 이런 싸구려 신발이 팔릴 것 같지 않았다. 얼른 내려서 봉천동 가는 버스가 오길래 올라탔다. 다음은 봉천시장 앞이란다. 시장 앞에서 내렸다. 그러나 시장 근처에는 이미 수년 장사를 계속해 온 경력자들이 좌판을 깔고 자리를 차지하고 있어 펴 놓고 팔 장소가 마땅치 않았다. 하는 수 없이 신발 자루를 둘이서 질질 끌며 비탈진 언덕까지 갔다. 경사진 도로변에 자리를 잡고 신발을 꺼내 팔려고 정리를 했다.

그런데 심각한 문제가 생겼다. 애초에 신발을 구입할 때 신발이 짝이 안 맞을 수 있다고는 들었는데 이건 도저히 맞는 게 없다. 다시 말해 신발 두 짝이 한 켤레씩 묶여 있거나 상자에 들어 있는 것이 아니라 모두 막 섞여 있어 도무지 짝을 맞출 수 없다. 한참 동안 둘이서 땀을 흘리며 겨우 짝을 맞췄으나 온전히 맞는 것은 불과 몇 켤레 안 되었다. 나는 성재 아빠 보기에 너무나도 미안하고 당혹스러워 몸 둘 바를 몰랐다. 내가 말하지 않았으면 아이스크림 장사나 온전하게 하였을 터인데 후회가 보통이 아니었다. 하지만 할 수 없이 열심히 팔아야 했다.

그런데 이게 웬일인가. 세상에 장사 못 할 게 신발 장사임을 깨달았다. 우선 운동화의 경우 신발 크기, 소위 문수가 제각각이라 손님 발에 맞추는 것은 보통 문제가 아니었다. 거기다 색깔, 모양, 높이 취향이 다양하다. 가격이 반의반도 안 되어 사람들이 모이기는 하나 이 탓, 저 탓을 하며 사 가는 사람은 없다. 겨우 두 사람 버스비에 택시 요금 비용도 못 벌고 결국 포기했다. 내버리고 오고 싶으나 버릴 곳도 없다. 어쩔 수 없이 신발 자루를 질질 끌고 버스에 싣고 현저동에서 내려 다시 꼭대기 아파트 2층 성재네 집까지 끌고 와 팽개쳤다. 짜장면 한 그릇도 못 사 먹고 허기진 채 배고파하는 두 사람 모습을 본 성재 엄마는 웃어 죽겠다며 놀려 댔다. 그래도 측은한지 "얼른 올라와 저녁 드세요." 해서 허기진 배를 된장찌개, 보리밥을 맛있게 먹으며 달랬다. 만약 이 신발 장사 시험 없이 전체 신발, 창고 떼기로 매입했다면 큰일 날 뻔했다. 비록 쓰디쓴 경험이었지만 얼마나 다행이었는가?

이 글을 쓰면서 성재 아빠, 성재 엄마에게는, 정말 미안해요, 지금은 어디 사는지, 성재는 어른이 되어 뭘 하는지, 할머니는 오래전 돌아가셨을 것이고 이 모습, 저 모습이 생각난다. 내가 찍어 준 사진, 지금도 잘 보관하고 있겠지. 나는 가끔 생각나면 옛 사진을 보면서 울고 웃고 시시덕댄다. 아무튼 보고 싶다. 성재 식구들이 너무너무 착해서 복을 받고 잘 살 건데 어떻게 찾아볼 수 있을까? 정말 보고 싶다.

"성재 아빠야! 그때 눈물 젖은 신발 생각나요?"

제 6 장

으뜸 칼라

고물 사진기 한 대

　나는 군 제대 후 이것저것 해 보다가 돈 버는 데는 재주가 없는 것을 알았다.
　내 적성에 맞는 강연과 글을 써서 먹고사는 직업을 잡았다. 그런데 얼마 못 가서 문제가 생겼다.
　바른말을 한다고 갑자기 글도 못 쓰고 강연도 못 하게 되어 생활이 매우 어렵게 되었다. 하는 수 없이 방세가 싼 시골로 가야만 했다.
　언젠가 휴일에 파주 법원리의 율곡 선생 묘소가 있는 자원서원에 간 적이 있다. 공기 좋고 조용해 글쓰기가 좋은 곳이 생각이 나 그곳을 찾아갔다. 시골이라 빈방이 없어 장터로 내려왔다. 구멍가게에 들러 음료수 한 병 사 먹으면서 물었다.
　"아주머니, 이 근방에 방을 구할 수 없을까요?" 물었더니 마침 놀러 온 아주머니가 말했다. "우리 집 방 있어요, 식구가 몇 식구예요?" "저 혼자 쓸 건데요." "따라와요." 빠삐네 집이었다. 나는 빠삐네 방을 보증금

없이 월 2천 원에 얻어 서울에서 이사를 했다. 이삿짐이라고 해 봤자 라면 상자 서너 개 분량과 옷 몇 가지뿐, 나머지는 모두 책이었는데 아깝지만 버릴 수밖에 없었다. 빠삐 엄마에게는 "건강이 안 좋아 휴양하면서 글이나 쓰려고 한다."라고 말했다. 나에게 유일한 고물 사진기 픽추리라는 카메라 1대가 있어 목에 걸고 밥만 먹으면 율곡 산소로 갔다. 관광지라서 평일에도 사람들이 제법 왔고 특히 토요일과 일요일에는 인근에서 소풍을 오거나 여행객, 그리고 관내 의류 생산 공장 협진양행 등 아가씨들이 떼 지어 율곡 산소를 찾았다. 이곳을 찾는 사람들은 사진 찍는 게 필수로 여기저기서 개인 사진, 단체 사진 찍기에 바빴다. 그런데 아가씨들이 배경 중심으로 사진을 찍다 보니 해를 보고 찍어 역광이 다반사였다. 나는 약방의 감초처럼 말을 걸었다. "아가씨들, 그렇게 찍으면 사진이 잘 안 나와요. 내가 찍어 줄게요." 이렇게 사진기를 받아 찍어 주면 고맙다는 합창 인사가 매우 듣기 좋았다. "아저씨, 그럼 또 만나요." 헤어진 후 우연히 길에서 스치게 되자 "야, 그때 사진 찍어 준 아저씨다. 안녕하세요." 반갑게 인사한다. "그때 사진 찍어 주신 거 아주 잘 나왔어요."

"우리가 찍은 건 다 잘 안 나오고 아저씨가 찍어 준 것은 아주 잘 나왔어요."

"우리 언제 또 찍어 줘요." "그래요." 약속하고 나는 그때부터 아가씨들의 전속 사진사가 되었다. 그 기술이 입소문으로 전파되어 율곡 산소만 가면 안경 쓴 멋쟁이 아저씨가 있는데 사진을 잘 찍어 준다며 수다가 이어진다. 그 후 나는 율곡 산소로 출퇴근하는 게 일상이 되었다. 그런데

|제6장| 으뜸 칼라

그사이 수입 없이 한 푼 두 푼 쓰다 보니 주머니 사정에 걱정이 엄습해 왔다. 한 달이 다가와 어느새 방세 내는 날이 내일모레로 다가왔다. 나는 몹시 불안해졌다. 살아갈 방법을 강구해야만 했다. 내가 가진 거라고는 고물 카메라 한 대뿐이다. 순간 옳거니, 컬러 필름 한 통만 있으면 된다고 생각했다. 그런데 문제는 컬러 필름 한 통 살 돈이 없다는 사실이다. 생각 끝에 빠삐 엄마가 필름 도매상 아주머니와 이웃집 친구 사이로 친하게 왕래하는 것이 떠올라 아주머니를 불러 말했다.

필름 한 통

"저, 아주머니, 컬러 사진 찍어 봤어요?"

"아니요."

"컬러 필름 한 통만 사 주면 기가 막히게 사진을 찍어 드릴 텐데."

"필름이 얼마인데요?"

"도맷값으로 580원이에요."

컬러 필름 한 통을 금방 사 와 나를 주었다.

"자, 옷 갈아입고 나오세요." 빠삐 엄마는 신바람 나서 얼른 옷을 갈아입고 집 앞, 화초 앞, 옥수수밭 등 여기저기서 찍고 그다음은 한복으로 갈아입고 찍었다. 날씨는 아주 무더운 여름이라 땀을 뻘뻘 흘리며 겨우 열 장도 못 찍고 이제 그만 찍자고 했다. "필름이 아직 많이 남았는데 친구분들 부르세요." 내가 말했다. 빠삐 엄마는 이 친구, 저 친구에게 전화를 걸었다.

"우리 집 옆방 아저씨가 유명 사진작가인데 사진을 기가 막히게 잘 찍는다네. 어서 와 찍어 봐."

"빠삐 어머니, 나는 사진작가는 아니에요."

"아이참, 그래야 얼른 오지요. 뭐? 사진값이 얼마냐구? 아저씨 사진값이 얼마냐고 묻는데 얼마라 해요?"

"그저 인화값만 내라 해요."

"아 글쎄 인화값이 얼마인데요."

"1장에 300원이라 하세요."

"야! 미정 엄마야, 1장에 300원만 내란다. 뭐 그리 싸? 얼른 와."

"알았어."

하나둘 모이기 시작하여 갑자기 주인집 뒷집 화단, 옥수수밭이 촬영 배경이 되고 말았다. 필름 한 통이 금방 끝났다.

"필름이 떨어졌어요"

"아니 사진 찍으려고 애써 장롱 속 옷도 꺼내 입고 화장도 했는데 필름이 없어 못 찍는다니 말이 돼!"

"야! 빠삐 엄마야!" 불평이 터져 나왔다.

"그럼 한 통만 더 사 오세요."

빠삐 엄마는 필름 아주머니한테 전화를 걸었다.

"거 한 통만 얼른 가지고 우리 집으로 와." 그러자 불과 500미터도 안 되는 가까운 거리인 데다가 막역하게들 지내는 친목 계원들 사이인지라 얼른 필름을 가지고 왔다. 나는 서둘러 다시 촬영에 들어갔다. 이렇게 저렇게 이 멋, 저 멋 다 잡으며 촬영을 마치고는 재빠르게 서울 돈암동에 있는 명광칼라 현상소로 찾아가 현상을 맡겼다.

"밤늦게라도 기다릴 테니 급히 현상을 부탁해요." 접수를 받는 창구 아가씨가, "그렇게 안 돼요, 내일 오전에 오세요." 나는 사정했다.

"아, 글쎄, 안 된다니까요."

"그럼 윗사람을 불러 줘요." 영업부장이라는 사람이 나왔다.

"내가 파주 법원리에서 왔는데 지금 집에 갔다 내일 또다시 나와야 하는데…." 사정했더니 한참 듣고 있던 부장은 "알았어요, 3시간 후에 오세요." 나는 3시간을 청계천 8가 고물 시장을 구경하며 돌아다니다 시간이 되어 현상소로 왔다. 반갑게도 사진이 다 나왔다. 사진을 보니 기대 이상으로 잘 나왔다. 그런데 현상비가 없다. 아가씨한테 말해야 결정권이 없음을 알고 다시 영업부장을 불러 사정했다.

"실은 돈을 쓰다 보니 다 써서…." 나는 말을 잇지 못했다.

"뭐 이런 사람이 있어?" 하고 바로 안으로 들어가려고 하는 것을 잡고

"내 이 카메라를 놓고 갈 테니 형편 좀 봐주세요." 또 사정했다. 하는 수 없이 부장 배려로 카메라를 맡긴 후 사진을 받아 들고 법원리로 돌아왔다.

밤중이라 그다음 날 날이 새기를 기다렸다. 날이 새자 밖의 화단 앞에서 아주머니 목소리가 들렸다. 얼른 일어나 사진 봉투를 들고 나가 보였다. 사진을 본 아주머니는 너무 좋아하며 여기저기 어저께 사진 찍은 아주머니들에게 전화를 걸었다.

"사진이 정말 잘 나왔어, 빨리 와 봐."

금방 모여들었다. 사진을 받아 보고 모두 킥킥대고 웃고 또 웃으며 좋아했다.

나는 그 순간 '아~ 이제 살길이 생겼다.'라는 생각이 들었다. 오후가 되어서야 대충 돈을 받아 들고 현상소로 갔다. 현상비를 주고 카메라도 찾고 필름을 사 들고 부지런히 법원리로 돌아왔다. 방세가 없었던 어제의 마음 졸였던 순간을 뒤로한 채 굵은 목소리로 빠삐 엄마를 힘주어 불렀다.

"저 방세요." 하고 내미니,

"아이구, 천천히 줘도 되는데 어쩌면 그렇게 정확하셔." 빠삐 엄마가 나를 좋게 본 것 같았다. 힘이 생겼다. 다음 날 "역시 죽으란 법은 없어." 혼자 중얼거리며 단숨에 율곡 산소에 도착했다. 본격적으로 영업 사진사가 될 작정이다.

관광지 출사원

아침 일찍 율곡 산소로 갔다.

그런데 매표소에서 관리소 직원이 말했다.

"여봐요, 입장권 사세요."

"아니, 내가 처음 오는 것도 아니고 서로 잘 아는 처지에 무슨 입장료라뇨."

"몰라요, 소장이 입장료 받으라 했어요."

"이따 소장 출근하면 내가 말할게요." 하고 나는 율곡 선생 묘를 향해 올라갔다.

이런 생각, 저런 생각 낙서를 하다 점심시간이 되어 간단히 준비한 고구마와 물로 배를 채우고 있자니까 "아저씨!" 하고 반갑게 부르는 소리가 들려 돌아보니 협진양행 아가씨들이었다.

"안녕하세요." 서로가 반갑게 인사를 나누고 그때부터 혼자 찍든 여럿이 찍든 한 장에 300원으로 정하고 본격적인 사진사가 되어 신나게 찍었다. 그런데 완장 찬 사람이 올라왔다.

"아저씨, 여기서 사진 찍으면 안 돼요. 나가요."

"알았어요." 대답하고 또 신나게 여기저기서 사진 촬영을 부탁해서 차례로 찍었다. 그런데 또 완장을 찬 사람이 올라왔다.

"여기는 지정사만 사진을 찍을 수 있어요."

"누가 지정사인데요."

"여기 안 보여요?"

팔에 찬 완장을 두들기며 자신만만하게 말한다. 완장을 보니 노란 판에 검정 글씨로 '촬영'이라고 만 새겨져 있고 빨간 줄이 3개가 있다.

"누가 지정해 주었는데요?"

"관리소에서요."

"관리소로 갑시다."

"아니, 내가 요것 다 찍고."

"아니, 빨리 가자니까."

"아니, 요것만 다 찍고."

아가씨들 앞에서 실랑이가 벌어졌다. 그러자 또 완장 찬 관리소 직원이 올라와 "입장료도 안 내고 지정 사진사도 아니어서 소장님이 내쫓으라 했어요, 나가요."

"알았어요, 입장료 내면 될 것 아니요." 더 이상 창피해서 안 되겠다 싶었다.

"갑시다." 하고 관리소로 내려왔다. 소장을 만났다. 첫인상이 안 좋아

보였다.

"보시오, 선생님이 관리소 소장이요?"

"그래요, 내가 소장이요."

"나에게 입장료 받으라 했어요?"

"그래."

"그래, 나보고 사진 찍지 말라 했다…."

"그래."

"그런데 왜 반말이요?" 나도 반말로

"소장이 나를 사진을 못 찍게 했어?"

"그렇다니까, 여기는 지정 사진사만이 찍을 수 있단 말이야."

"그래, 누가 지정해 주었는데?"

"어허, 이 사람 말귀를 못 알아먹네. 당신, 귀먹었어?"

"맞아, 내가 귀가 좀 어정쩡해서 그래."

"귀는 이제 알아들었고 빨리 나가."

"지정 사진사는 누가 어떻게 지정해 준 것인데?" 나는 다부지게 물었다.

"1년에 15만 원씩 사용료를 내고 지정받은 거야."

"그럼 나도 그 돈 내면 되잖아."

"안 돼, 법원리 사진관 중 이 사람이 지정받은 거야." 나는 속으로 옳다, 잘 걸렸다 싶었다.

"소장, 잠깐만 사무실로 들어가서 이야기합시다."

"아니, 더운데 왜 들어가? 여기서 말해."

"남들 보기에, 조용히."

"허 참, 그러자구." 사무실로 들어갔다.

"파주 군청 군수한테 당신 손으로 전화를 거시오."

"뭐요? 내가 왜 군수님한테 전화를 걸어?"

"그럼 내가 걸까?"

"당신이 뭔데 군수한테 전화를 걸어라, 말아라 해?"

"여보시오, 소장은 아까 말하기를 분명히 지정 사진관으로부터 매년 15만 원을 받는다 했지요. 그 돈은 누가 받았지요? 군수요? 문화관광과요? 산림과요? 문화재 관리과요? 아니면 당신이 받아 쓱싹했어?" 그는 나의 다부진 질문에 당황했다.

"자, 자, 잘 지냅시다." 내가 먼저 손을 내밀고 가볍게 넘어갔다.

이후 입장료 없이 출입이 자유로워졌고 사진 촬영도 해결된 셈이다.

얼마 못 가서 이곳, 사진 영업은 내가 주인이 됐고 살림집도 방이 큰 왕보네 집으로 옮겼다.

솔직히 나는 사진관도, 허가도, 자격증도, 돈도, 아무것도, 갖춰진 게 없었다. 달랑 고물 사진기 픽추리 한 대에 깡다구뿐이다.

오죽하면 명함 하나 인쇄할 돈이 없어 전에 쓰던 명함을 '원' 자, '광' 자, '호' 자 사이를 부엌칼로 3등분으로 자른 후 뒷면 윗줄엔 **'당신의 모습을 영원한 모델로'** 중간에 '으뜸칼라', 아랫줄엔 전화 53-5789, 도장포 집에서 고무도장을 새겨서 청색 스탬프로 찍었다. 혹시 나를 알아보는 사람이 있을까 봐 '원' 자는 이 공장 사람들한테, '광' 자는 다른 공장에, '호' 자는 저쪽 마을에 분산해서 나눠 주며 광고했다. 또한 사진을 찍은 사람에게 사진을 찍고 싶을 때나 찾을 때 연락하라고 나눠 주는 것이다. 전화도 내 전화가 아니라 안집 왕보네 전화였다. 나에게 전화가 오면 그 정도는 귀찮게 여기지 않고 바꿔 주던 인심이 후한 때지만 역시 안집 식구들 모두 친절했다.

중앙사진관 앞 사건

이른 아침부터 장대비가 쏟아진다. 안집 왕보 누나가 전화 왔다고 소리친다. 공장 아가씨들이 일요일이라 쉬는 날이니까 사진을 찾겠다고 연락이 온 것이다.

"여보세요? 으뜸칼라 아저씨."

"저 협진양행 퐁당이에요."

"사진 찾으러 가려고 하는데 어디로 가요?"

"네, 중앙사진관 앞으로 와요."

"내 집이 바로 뒷집이니까 금방 나갑니다." 나는 사진 뭉치를 들고 우산을 받쳐 들은 채 중앙사진관 앞으로 나갔다. 사진관 처마 밑에서 사진을 나눠 주었다.

"야, 잘 나왔다."

"야, 사진관 사진사보다 훨씬 잘 찍었어." 깔깔대며 호들갑을 떠는데 갑자기 사진관에서 사람이 나오더니 "뭐? 사진관보다 잘 찍어? 너 잘 만났다. 내가 그렇지 않아도 별렀는데." 하며 갑자기 내 멱살을 잡으려고 했다. 중앙사진관 주인이다.

"왜 이러세요."

"뭐, 왜 이러세요? 야! 이놈아 네가 사람이야?" "누구 약 올려? 가뜩이나 손님 없어 쭈그리고 앉아 있는데 남에 가게 앞에 와서 사진관보다 잘 찍어?" "뭐, 네가 율곡 산소 점령했다며?" "그리고 너 영업 허가 있어?" "그리고 또 남의 사진관 앞에서 사진 영업을 해? 이놈아!" 화가 이만저만이 아니었다. 일단은 내가 모두 잘못했다. 한 마디 한 마디 변명의 여지가 없었다. 잘못한 것이다.

"자, 자, 진정하시고 내가 잘못했습니다." 용서를 빌었다. 그리고

"이따가 저녁에 다시 찾아오겠습니다."

"필요 없어, 너 같은 놈 꼴도 보기 싫어." "너 소문이 법원리 사진관 다 말아먹는다고 아우성이야." 하는 것이다. 듣고 보니 화가 날 만했다. 솔직히 내가 법원리에 온 후 출사는 거의 나한테 빼앗긴다는 소문을 나도 들었다. 이렇게 곤욕을 치르고 아가씨들 사진도 다 나눠 주지 못한 채 뿔뿔이 흩어지고 나는 힘없이 집으로 돌아와 많은 고민을 하게 됐다.

앞집 중앙사진관 사장님 말씀을 듣고 보니 할 말이 없고 앞으로 어찌할지 걱정이 되었다. 하지만 내가 여기서 주저앉으면 결코 안 된다는 생각이 들었다. 현실을 생각하면 용기로 밀고 나가는 수밖에 다른 방법이 없다.

첫 번째는 중앙사진관을 정식으로 찾아가 사과하고 앞으로 잘 지내자

고 말하자는 생각이요, 두 번째는 가게를 얻자는 것이다.

그래서 미안한 얼굴로 저녁이 되어 다시 중앙사진관을 찾아갔다. 사진관 문을 열고 들어가니 아주머니가 계셨다.

첫인상이 퉁퉁한 몸매에 얼굴도 둥글넓적 인품이 후덕하게 생겼다.

"저 뒷집 왕보네 집 문간방에 사는 원광호라 합니다. 사장님한테 혼난 사람인데 정식으로 사과하러 왔습니다."

"아이, 뭘 일부러 왔어요. 잠깐만요. 여보, 뒷집에서 손님이 오셨어요."

"알았어, 나갈게." 아마 낮잠을 자다 깬 모양이다. 문을 열고 나오셨다.

"아까는 내가 미안했어요." 아저씨가 먼저 말했다.

"아니요, 제가 잘못한걸요."

"여보, 마실 것 좀 내와요."

"저, 커피 드릴까요?"

"아니요, 저 커피 안 좋아해요. 차 안 주셔도 됩니다."

"알았어요, 그럼 이거라도." 하며 박카스 한 병을 쟁반에 받쳐 내왔다. 아까와는 판이하게 잘 풀리고 있었다.

"그래, 사진관은 어디서 했어요?"

"아니요, 사진관은 안 했어요."

"그럼 사진은 어떻게 찍어요? 법원리에서 사진 잘 찍는다고 소문났던데."

"웬걸요. 어깨너머로 쬐끔 배운 건데요, 뭘."

"저 한 가지 말씀드릴 게 있습니다."

"뭔데요."

"지금 사장님은 율곡 산소에서 사진 안 찍으시지요?"

"아아, 거기는 아리랑사진관이 지정받아서 우리는 못 들어가요."

"저, 그래서 말인데 다음부터는 제가 소장한테 말해 놓을 테니 와서 찍으세요."

"에이, 내가 어떻게 들어가요."

"아니요, 제가 소장한테 단단히 말해 놓을게요."

"아니, 소장을 잘 아슈?"

"네."

"거기 소장 맘대로 하는 거요?"

"그럼요."

"그럼 아리랑이 가만히 안 있을 터인데."

"아리랑도 내가 말해 놓을게요."

"아리랑도 잘 아슈?"

"네, 잘 안다기보다 율곡 산소만은 독점으로 못 찍게 할 수 있어요."

"어떻게요?"

"그건 문제가 안 됩니다."

"아~ 그래요?"

그때부터 분위기가 확 달라졌다. 법원리에서 옛날 잘나가던 시절을 늘어놓는다.

"옛날에는 여기 미군 부대가 있었고 한국군 부대도 있었는데 그때가 좋았지요."

"한국군 부대는 지금도 있잖아요."

"에이, 한국군 부대는 몇 군데 있는데 그전 같지 않아요. 그때는 시장도 컸고 사람들도 들끓고 장사도 잘됐어요. 지금 미군 떠난 뒤로는 점점 상권도 죽고 재미도 없어요. 사진관은 더 어려워요."

"아~ 예, 앞으로 잘 도와주세요."

"아, 그럼 자주 와요."

"네, 그럼 안녕히 계세요." 하고 나왔다. 어려운 관문은 통과된 셈이다.

간절한 가게

중앙사진관 사장님과 불편한 관계가 풀린 후부터 탄력을 받았다.

그 당시는 여기저기 구멍가게에서 필름을 맡아 놓았다가 오토바이 타고 걸으러 다니는 사람이 있어 웬만한 곳에 소위 디피점이라고 붙여 놓고 영업을 하는 것이 한창 유행이었다.

나도 조그마한 구멍가게라도 필요해 돌아다녔다.

율곡고등학교 앞 이발소에서 이발을 하면서 물어보았다.

"저 앞집 율곡사진관은 늘 불이 꺼져 있는데 왜 장사를 안 해요?"

"아~ 사진관 아저씨가 연세가 많으셔서 눈이 어두워 문을 닫고 저~ 파주 장단에서 콩 농사를 짓다가 어쩌다 환갑잔치나 돌 사진을 맡으면 와서 찍어요."

"네~ 그래요." 나는 이발을 마치자마자 찾아가 문을 두들겼다.

"계세요? 계세요?"

"누구세요?" 하고 나오시는 분은 키도 조그마하고 당찬 할머니셨다.

대단히 야무지고 똑똑해 보이셨다.

"저~ 할머니, 앞에 가겟방, 세 안 놓으실래요?"

"뭐 하시게요?"

"사진 디피점이요."

"그래요, 들어와 봐요." 닫혀 있던 가게 문을 열어 주어 들어갔다. 옛날 나무 판때기 집에 바닥도 흙바닥 그대로였고 반을 칸막이로 한 촬영실은 먼지가 뽀얗다. 사용한 지 꽤나 오래됨을 알 수 있었다.

"할머니, 얼마에 세주시겠어요?" 하니까 오히려 나보고 얼마 주겠느냐고 되묻는다.

"아니, 제가 어떻게…. 할머니가 말씀해 보세요."

"월 2만 원 줘요." 사실은 건물 크기로는 비싼 것은 아닌데 내 형편에 터무니없는 돈이다.

"제 형편으로는요. 사진관 전체가 필요한 게 아니고, 요기요. 흠, 그러니까 촬영실 빼고 요기만 필요한데."

"여기 전체를 주면 주었지, 어떻게 요기만 줘요." 한마디로 거절이다.

"할머니, 그럼 이렇게 하면 어떨까요? 우선 요것만 쓰다가 돈 벌면 이거 다 쓰는 걸로."

"그게 언제인데."

"글쎄요, 얼마 안 걸릴 거예요." 한참 생각하시다가

"그럼 한 달에 만 원 어때요?"

"할머니, 죄송합니다만 가게가 비싼 게 아니고 제가 돈이 없어서 그래요."

"그럼 아저씨는 얼마 줄라고 그래요?"

"첫 달에 오천 원 하고 제가 알아서 올려 줄게요."

"에이, 안 돼요."

"그렇게 해 주세요."

보증금 없이 그것도 며칠 후 주기로 계약서도 없이 얻었다. 나는 당장 빗자루로 쓸고 털고, 닦고 했다. 가게라고는 얻었으나 앉을 의자 하나도 없다.

고물 장수 대장

마침 고물장수가 리어카를 끌고 지나가기에 불렀다. 리어카에는 잡동사니와 십여 년은 넘을 나이 먹은 시커먼 긴 목로 의자가 눈에 띄었다.

"이 의자 얼마 주면 돼요?"

"주고 싶은 대로 주시유." 주머니에 마침 500원이 있었다.

"여기요." 500원을 주었다.

"됐지요."

"야, 500원은 너무한데."

"아저씨는 돈 주고 사 온 거 아니잖아요."

"그거야 그렇지요. 고물 장수가 어디 돈 주고 사는 것 봤어요?" 하며 의자를 리어카에서 내려서 가겟방에 들여놓았다. 걸레로 대충 닦고 "이리 앉아 쉬었다 가세요."

"그럴까?" 이분도 심심한 것 같았다. 앉아 이런저런 이야기를 듣다 보니 나에게는 이곳에서 살아갈 모든 알짜배기 정보였다. 법원리 역사를 꿰뚫고 있었다. 나는 그때 번뜩 떠올랐다. 옳다, 내일부터는 무엇이든 고물을 모아야겠다. 그래서 고물 장수들은 고물상 가기 전 여기를 꼭 들렀다 가라고 했다. 우선 내가 필요한 물건을 싸게 구입할 목적이고 사람을 사귀기 위해서였다.

나는 그 후 습관적으로 고물 장수 리어카를 뒤적이고 필요한 것을 산다. 그리고는 많은 정보와 나팔수로 활용해야겠다는 계산이었다. 이 생각은 적중했다.

법원리 고물 장수는 모두 내 가게가 집합 장소다. 저녁때가 되면 내 가게 앞에는 고물 리어카가 줄을 지어 있다. 나는 이분들이 실어 온 고물 중에서 쓸 만한 것은 무조건 내려놓게 했다. 돈이 없으면 외상이고 이제는 돈 때문에 주고 안 주고 하는 관계는 넘었다. 뿐만 아니라 저녁에는 꽁치 통조림에 막걸리 한 사발씩 대접해 주면 여간 좋아하는 게 아니다. 말은 안 해도 아마 이들 생각에 어디를 돌아다녀도 고물 장수가 이렇게 대접받기는 쉽지 않음을 잘 알고 있기 때문이 아니었을까?

거기다가 막걸리까지, 또 날씨가 더우면 쉬었다 갈 수 있는 정다운 원두막 같은 느낌이었을 것이다. 이들에게서 사들인 것은 진열장부터 심지어 높은 산꼭대기에서 철거한 미군 통신 안테나 철탑으로 만든 간판 기둥까지 다양했다. 가격으로 따지면 10분의 1도 안 되는 가격에 사들였다. 그와 동시에 내 가게는 고물 장수 집합소요, 나는 고물 장수 친목회장이 된 셈이다. 그리고 이분들을 통한 으뜸칼라 영업을 해야겠다고 판단했다.

처음에는 노란 모자에다 파란 글씨로 '으뜸칼라'라고 둥그렇게 재봉틀로 글씨를 박아서 나눠 줘 쓰게 하고는 10여 명이 법원리 골목골목 엿장수 가위를 철컥, 철컥, 쨍그랑, 쨍그랑 치고 다니게 했다. 그러자 사람들은 "웬 고물 장수 아저씨들이 으뜸칼라 사진관 광고야?" 하고 신기해 했다. 아니 이보다 밑천 안 들이는 큰 광고가 어디 있는가?

나중에는 제일 값싼 우단 천에 노란 조끼 앞뒤에 큼지막하게 '으뜸칼라'라고 쓰고 입고 다니게 했다.

엿장수 가위 소리를 듣고 쳐다보면 '으뜸칼라'가 먼저 눈에 띄었다.

어른도 아이들도 모두 한마디씩 "으뜸칼라가 뭐여?" 자동 선전이다. 이보다 효과가 큰 광고는 없다.

여기서 발전된 것이 소풍 때고, 운동회 때고, 졸업식 때고, 어김없이 손에 딱 맞는 하프 사이즈 올림푸스 카메라 한 대와 모자, 조끼, 영수증을 나눠 주면 이들이 싹쓸이 촬영기사가 되는 것이다. 이때 수입은 짭짤했다. 당시 카메라 한 대에 6~7만 원이면 살 수 있었는데, 사고 또 사고 20여 대를 사서 카메라를 빌려주어 대여비를 받기도 하고 이분들을 출사 영업을 시키니 신바람이 났다. 이 카메라 특징은 기술이 필요 없다는 것이다. 눈으로 보고 셔터만 누르면 노출, 거리가 자동이다. 뿐만 아니라 필름 한 통으로 두 배를 촬영하는 영업에 딱 좋은 카메라이다.

가게가 율곡고등학교 바로 도로 건너편에 있어서 평소 학생들에게 인기가 있었던 덕에 단골이 많은지라 졸업식이 있는 날에는 당연히 '으뜸칼라'가 휩쓸었다.

한번은 율곡고등학교 졸업식 날 일찌감치 서울이고 지방이고 졸업식 정보를 입수해서 찾아다니는 떠돌이 출사원들이 서울 등지에서 몰려왔다. 실내 졸업식장은 물론 식이 끝나고 나와 교문 앞 운동장 뜰에서 나무 배경으로 다양하게 여기저기서 사진을 찍느라 정신없이 야단이다. 거기다 여기저기서 "으뜸칼라!" "으뜸칼라!" 부르는 소리에 다른 사진사들은 어안이 벙벙, 손을 놓고 있었다. 사진 찍기가 마무리되어 출사 나갔던 으뜸칼라 사원(고물 장수)들은 사진관 안방으로 들어와 저마다 카메라, 영수증, 돈을 이 구석 저 구석에 쏟아 놓고 계산해서 입금하고 해당 수고비를 받고 고생했다고 동태찌개에 막걸리로 몸을 녹인다. 그때다, 갑자기 가게 문을 쾅쾅 두들겨 나가 보니 사진기를 맨 출사원 이십여 명이 문 앞에서 "으뜸칼라 사장 나와!"라고 소리쳤다.

　직감은 했지만 단단히 화가 난 인상으로 험악했다. 나도 단단히 마음먹고 당당히 나갔다.

　"어~이, 당신 때문에 우리는 하나도 못 찍고 공쳤어."

　"그래서 나보고 어쩌란 말이오."

　"손해를 끼쳤으면 배상을 해야지."

　"뭐? 손해배상이라니, 아니 내가 당신들보고 사진을 찍지 말라 했어, 방해를 놨어? 뭐가 잘못됐는데?"

　"어허, 이거 말로는 안 되겠는데?" 하며 한 사람이 가게 유리문을 발로 찼다.

　"어, 그래, 당신들 꼼짝 마. 경찰 부를 테니까."

"아이, 재수 없어." 투덜대며 하나둘 슬금슬금 사라졌다.

그 후부터 출사원들은 법원리만큼은 얼씬도 안 했다. 오히려 주변 용주골, 문산, 선유리 등 출사원들이 나를 찾아와 우리도 출사원으로 써 달라고 사정하여 식구는 더 늘어났다.

이렇게 5,000원에서 디피점으로 시작한 가게는 월 8,000원으로 다 쓰는 조건으로 세를 올려 확장했고 한 달도 못 돼서 옆방을, 그다음에는 안방, 집을 통째로 쓰게 됐다. 이제는 디피점이 아니라 의젓한 '으뜸칼라' 사진관이 되었다. 물론 영업 신고도 했고 율곡 산소는 완전히 내 손에 쥐었으며 주변 관내 공장, 군부대, 마을, 할 것 없이 사업은 날로 늘어나 눈부시게 확장되었다.

앞에 소개한 미군 통신 안테나를 철거해 온 고물 철탑에 페인트칠을 하고 '으뜸칼라' 네 글자를 써 크고 높게 만든 아크릴 간판을 달고 밤이면 거리까지 환하게 비추니 동네가 달라졌다.

반전 인생 으뜸칼라

그런데 또 문제가 생겼다.

나는 카메라는 자신이 있는데 사진관에서 찍는 명함판

사진이나 가족사진, 아기 돌 사진, 회갑 잔치 사진 등 세 발을 펴 놓고 검은 보자기를 머리에 쓰고 찍는 큰 틀 사진기는 전혀 모른다. 더구나 거리 초점이며 조명은 더욱 모르고 여기다 사각 플래시에 화약을 장전해 한 손에 들고 퍽 터트리는 기술은 전혀 알 리가 없다.

한 손에는 셔터 바람 주머니를 들고 하나, 둘, 셋, 소리를 지르며 셔터를 누르고 동시에 플래시 터트린 다음 셔터를 놔서 닫는 촬영 기법인데, 초짜는 상당히 어렵다. 셔터를 누른다는 것은 문이 열리는 것이고 놓으면 닫히는 것이므로 셔터를 누르기 전에 플래시를 터트린다든지 아니면 셔터를 닫은 후 플래시가 터진다면 실패하는 것이다. 이렇게 설명처럼 복잡하다.

바로 셔터와 플래시 찬스를 맞추지 못하여 옆집 화물취급소 소장 영감(법원리에선 갑부) 회갑 사진을 모두 망쳐 버린 것이다. 정말 그때 나의 심정은 말이 아니었다. 망신은 또 있었다. 정식 사진관으로 개업한 지 얼마 안 되었을 때 이야기다.

거꾸로 보이는 세상

　당시 우리 사진관은 율곡고등학교 정식 앨범 지정 사진관이 아니었다. 그런데 어느 날 정식 앨범 지정 KO 사진관 사장이 술에 곯아떨어졌고 학교에서는 사진사를 기다렸지만 안 와서 나를 찾아왔다. 율곡고등학교 학생이 뛰어 들어왔다.
　"우리 체육 선생님이 운동장에 단체 축구선수 등록 사진을 찍기 위해 집합해 있는데 빨리 와서 사진 찍으래요." 하는 것이다.
　사진기는 먼저 쓰시던 할아버지 큰 틀 고물 사진기가 있어 필름을 끼고 운동장으로 갔다. 벌써 축구 선수들은 두 줄로 서 있고 그 옆에 체육 선생님이 서 있었다.
　무척이나 무더운 날씨로 그냥 있어도 땀이 흐르는데 학생들은 내리쬐는 땡볕에 헉헉대며 연신 땀을 닦는다.
　나는 덥고 땀나는 것은 고사하고 검은 보자기를 뒤집어쓰고 아무리 들여다보고 또 보아도 사람이 거꾸로만 보였다.

한참 헤매니까 빨리 찍으라고 학생들과 체육 선생이 야단이었다.

"뭘 해요? 빨리 찍어요." 뭘 그리 꾸물대느냐 호통이다. 땀범벅은 둘째 치고 이거 야단났다. 도망가고 싶고, 정신이 하나도 없다. 그 순간 체육 선생이 다가와 말했다.

"여봐요, 보자기 속에서 뭐 하는 거요?" 나는 보자기를 젖히고

"저, 선생님, 이게 사람이 거꾸로만 보여요."

"뭐요? 거꾸로 보이는 게 정상이지. 당신 사진사 맞아요? 저리 가요, 내가 찍을게." 하고 보자기를 쓰고 말했다.

"여기 여기, 야, 야, 인상 쓰지 말고 부드럽게 오케이, 다 찍었어."

이게 내 사진 실력이 들통났던 첫 사건으로 나는 이때 쥐구멍에라도 들어가고 싶은 심정이었다.

알고 보니 앨범 지정 사진관하고는 워낙 오래 유지돼 오면서 친해져 사진관 사장이 수학여행 등 같이 갔다가 술에 취해 못 찍으면 체육 선생이 대신 사진을 찍어 주어 너무나도 기술이 익숙해졌다 한다.

내게 그 체육 선생은 잊지 못할 사진사 스승이 됐다.

이렇게 으뜸칼라 변천사를 보면 애초에 기초 사진 기술도 없던 것을 실습을 통해 익히고 나중에는 서울 엠버서더호텔 아래 있는 대학관에서 정식으로 이론 교육을 이수한 사진사가 됐다. 지금 생각하면 눈물도, 웃음도 잊지 못할 희로애락 추억들이 얽혀 있다.

고물 자전거

    그중에서도 잊지 못할 일은 3킬로미터 정도 떨어져 있는 갈곡리 의류 공장 아가씨들 사진을 찍으러 아침 교대 시간, 점심시간, 저녁 교대 시간, 하루 3번에 걸쳐 뛰어다녔던 일이다. 자전거가 욕심이 나 중고를 구하려던 차에 뒷집 똥 푸는 아저씨 자전거를 12,000원 달라는 것을 11,500원을 준 후 일주일 후에 오백 원을 주기로 하고 샀다.

    갈곡리 개울에 가서 볏짚을 돌돌 말아 빨랫비누에 문질러 자전거를 박박 닦고 보니 얼마나 눈부시게 광이 나는지 보기만 해도 신나는데 아무런 이동 수단이 없이 한여름 아스팔트 열기에 달아올라 허덕이며 걷고 뛰어다니다가 자전거를 타고 달리니 여간 신나는 게 아니었다. 공장으로 시내로 미친 듯이 돌아다녔다. 이건 하늘을 나는 기분인데 한 달도 못 되어서 나는 자전거보다 더 빠른 오토바이가 욕심이 났다.

    돈도 없으면서 무작정 평소 잘 다니던 서울 미아리 오토바이 가게에 들어갔다.

한참을 이것저것 구경하다 가격만 물어보고 가진 돈이 없어 돌아섰다.

한참을 무작정 걷다 보니 내가 가야 할 방향 반대로 가고 있었다.

다시 정신 차려 뒤돌아 한참 오다 보니 아까 다녀간 오토바이 가게였다. 내가 보았던 오토바이가 유난히 반짝였다. 주인이 말했다.

"왜요? 오토바이 사시게요?" 말을 걸어 왔다. 좋다, 되든 안 되든 생각나는 대로 말해 보자. "저 사장님, 카메라 안 필요해요?" 하니까 "카메라요? 우린 카메라 필요 없어요."

"이 카메라하고 이 오토바이하고 바꿉시다." 나는 제안했다.

"에~이, 여보시오. 그 카메라가 얼마 가는데?"

"가격으로 따지면 이게 오토바이보다 비싸지요."

"그래요? 여보, 여기 카메라 사라는데 나와 봐. 우리 애 사진도 찍어 주고, 살까?"

"돈이 어디 있어요."

"아니, 이 아저씨가 이 오토바이하고 바꾸재."

"아니, 카메라는 조막만 한데 이 오토바이 하고 맞바꿔요? 안 되지요." 나는 또

"덩치가 말해요? 가격이 말하지." 부부는 한참 생각하다가

"그래요, 바꿉시다." 나는 이게 웬 떡이냐 카메라를 벗어 주고 오토바이를 인수해 신나게 법원리 가게로 달려왔다. 이때는 자전거 닦던 세탁비누가 아니라 세숫대야에 하이타이에, 볏짚이 아니라 수세미를 챙겨 자

전거 닦던 갈곡리 개울로 갔다.

세상에 이런 일이 있나. 열심히 닦은 반짝반짝 눈부시게 광나는 이 오토바이가 내 것이다. 생각만 해도 미치겠다. 너무 신나서 콧노래를 부르며 율곡 산소도 가 보고 이리저리 신나게 다니다 가게로 왔다. 날이 어두워졌다.

당장 가게 안으로 들여놓으려니 문지방 턱이 높아 양쪽 경사도를 만들어야 했다. 얼른 건축 공사장에 가서 송판때기를 주워 와 톱으로 잘라 발판을 만들었다. 비스듬히 깔고 오토바이를 들여놓았다.

그렇게 좋아하던 자전거는 오토바이에 자리를 빼앗겨 가게 밖 문 앞에 자물통만 채운 채 찬밥 신세로 밀려났다.

얼마 안 가서 오토바이 급수를 높여 90cc에서 250cc 오토바이로 바꿨다. 아니 90cc가 최고 기쁨인 줄만 알았는데 250cc로 바꿨으니 부릉부릉 소리에 모두 시선 집중, 법원리에서는 250cc 오토바이가 나 하나뿐이었으니 으뜸칼라 돈 벌었다고 소문이 파다했다. 걸어 다니다 자전거를 타니 10배, 또 자전거에서 90cc 오토바이를 타니 또 10배, 아니 90cc에서 250cc 오토바이로 바꿔 타니 이보다 더 기쁘고 신나는 일이 어디 있겠는가? 여기에 밝은 달을 쳐다보며 시원한 막걸리 한잔으로 과거를 돌아보니 더욱 놀랍고 즐겁고 이렇게 기분 좋을 수가 없었.

하루가 지나면 새로운 영업 아이디어가 쏟아져 나왔다. 맞다. 내 오토바이가 지나가면 다들 쳐다보고 그중에서도 아가씨들이 한 번만 태워 달라는 데서 착안했다. 오토바이 타고 사진 한 통(24판) 찍는 조건으로 영업 방법을 생각해 냈다. 누구도 상상 못 할 나만의 영업 방법이다. 내 생각이 맞아떨어져 인기가 대단했다.

갈곡리에 있는 약 칠백여 명이 근무하는 의류 공장은 물론 주변 공장 아가씨들은 단골 고객이다.

여기에 점심시간이면 말로는 다 할 수 없는 웃음보 터지는 진풍경이 벌어진다.

오전 일과 끝, 벨 소리가 울리기 무섭게 수영복을 입고 연못가로 뛰어나와 선착순 촬영이 시작된다.

"자! 자! 아가씨들! 줄을 서요. 이렇게 서로 찍어 달라면 못 찍어요."

"아저씨, 이쪽이요."

"아니, 이쪽으로 와 차례대로 서요." 배경 좋은 곳을 지정해 놓고

다음 사람, 다음, 다음, 계속 셔터 소리만 찰칵찰칵, 계산기가 올라간다. 이 폼, 저 폼, 옆으로 섰다, 뒤로 섰다, 앉았다, 일어났다, 누웠다 별별 포즈를 다 잡고 찍는다. 몸에 물방울이 흐르게 물도 끼얹어 가며 연출, 진풍경이다. 정신없이 찍어 대다가 점심도 못 먹고 근무 벨 소리에 들어간다.

그중 3분의 1은 수영복만 입고 대기 중이었지만 사진 한 장 못 찍고 들어가며 투덜댄다.

"아저씨, 미워요. 나 먼저 찍어 주지." 아쉬워하며 불만을 터트린다. 때문에 선착순이었다. 저녁에는 더 웃긴다. 퇴근 시간, 해가 넘어가 어두워 꽃나무 등 배경 앞에서 촬영하려면 거리 측정이 불가하여 연구해 낸

것이 성냥 한 통을 준비해 가서 사진을 찍는 사람이 내가 하나, 둘, 셋 하면 성냥불을 켜고 나는 그 불빛을 보고 거리 초점을 맞춘다. 그러고 나서 다시 하나, 둘, 셋 하고 촬영한다. 이때 "아이, 뜨거워. 손 데었어요." 얼마나 원시적이고 웃을 일이던가? 킬킬대며 웃어 댄다. 이렇게 촬영한 수고비는 월급날 정문에서 줄을 서서 사진도 주고 돈도 받으니 나에게는 큰 목돈이 된다. 신바람은 여기서 끝이 아니다. 사진관 영업이 안 될 수가 없다.

한번은 법원리에서 의정부행 버스를 타고 가다 군부대가 많은 것을 보았다. 맞다. 이 부대 군인들을 고객으로 이 부근에 사진관을 또 차리자. 번뜩 생각이 났다.

가래비(지역 이름)에 으뜸칼라 사진관을 또 차린다.

사진관이 둘

바로 광적면 가납리로 일명 가래비라는 곳이다. 도로변은 이미 점포가 차 있고 빈자리가 설사 있다 해도 주정차 공간이 없어 고려 대상이 아니다.

도로에서 약간 들어가 5일 장이 서는 장터 옆에 가겟방도 아니고 창고도 아닌 조그마한 어설픈 빈 공간에 볏짚만 쌓여 있었다. 망설이다가 주인을 만나 월세로 달라 했다. 주인은 마다할 이유가 없다. 보증금도 계약서도 없이 말로 약속하고 바로 공사했다. 앞을 털어 내고 전면을 유리로 꾸미고 낭시 유명한 영화배우 이낙훈 씨의 대형 사진 등을 걸어 놓고 '으뜸칼라' 간판을 대형으로 설치해 놓으니 제법 훌륭했다. 더구나 밤이면 어둠침침했던 시장 골목에 아크릴 간판이 환하게 비치니 시장 분위기가 달라졌다. 주변 사람들은 대환영이었다.

이제 나는 사진관이 두 개요, 사장 소리 들어도 손색이 없는 위치에 와 있다. 군부대 사병은 물론 하사관, 대령급, 장교도 가끔 온다.

신병이 전입해 오거나 태권도 심사를 받기 위해서는 당연히 증명사진을 찍어야 한다. 이때는 내가 저녁에 부대로 가서 찍는다. 필름을 절약하기 위해 하프 사이즈 올림푸스 카메라를 사용한다. 일반 필름이 보통 24판인 데 비해 이 카메라는 50판으로 두 배나 많이 찍을 수 있는 카메라다. 그런데도 나는 또 절약하는 방법으로 필름 한 장에 한 사람씩 촬영하는 방법에서 두 사람씩 찍는 방법을 생각해 냈다. 그렇게 하면 결국은 배가 되니 필름 한 통으로 100명을 찍게 된다는 계산으로 시험해 보니 대단한 발상이다.

다만 이때 주의할 점은 키가 서로 크고 작아 배경에는 모포를 치고 두 사람을 세우는데 키 큰 사람은 낮추고 키 작은 사람은 올려 서로 머리끝을 수평으로 맞추고 찍는다. 이때 폭소가 터진다. 또 한 가지, 웃지 못할 일이 생겼다. 사진을 인화해서 말리고 한 사람에게 4장씩을 줘야 하는데 군복도 똑같고 머리도 똑같고 흑백이니 색깔도 흑백으로 똑같아 도무지 4장을 맞출 수 없는 데다 소대도 중대도 구분 없이 인화해 놨으니 더욱 불가하여 다 버렸다. 한참 연구한 끝에 필름 통에 몇 대대, 몇 중대, 몇 소대라 표시해 놓고 순서로 인화, 분리하여 고무 대야에 물을 붓고 인화 사진을 담근 후 이 대야는 몇 대대, 몇 중대, 몇 소대라 표시하여 따로따로 말린 후 절단하여 봉지에 담아 전령에게 주면 전령이 전달해 나눠 주고 봉급 때면 목돈으로 들어오니 이것도 제법 큰돈이 됐다. 뿐만 아니라 군 보안대 항공 사진에서 경찰서 사고 사진까지 고공 행진이다. 멋진 지프차까지 구입했다. 갖출 건 다 갖춘 셈이다.

거기다 사슴까지 기르니 사슴 피가 좋다고 의정부에서 내로라하는 장들이 찾아와 원 사장님, 원 사장님 부른다.

이런, 저런 고비를 넘기며 이렇게 살 만해지기까지 벌써 십여 년이란 세월이 흘러 정치 활동을 할 수 있는 기회가 드디어 왔다. 그래서 이제부터는 서울로 진출하게 된다. 지금 생각해 보면 여기까지가 가장 힘든 고비였고 여기서 내 인생에 '으뜸칼라'가 비춰 준 그 찬란한 빛! 그 빛은 영원하리라! 믿고 싶어진다.

제 7 장

파란만장한
정치 입문

국회의원은 왜 해

나는 초등학교 시절 국회의원 선거를 처음 경험했다. 대부분 글을 몰라 기호 몇 번이 아니라 작대기 하나, 둘, 셋 구별하여 투표하는 방식을 사용할 때 일이다.

나는 원주 원씨, '호' 자 돌림으로 형님뻘 되는 얼굴도 모르는 원정호 국회의원 후보의 작대기 3개가 투표용지와 똑같이 인쇄된 선전물을 들고 길가에서 어른들께 나눠 주며 한 표를 부탁했다. 1960년 3.15 부정선거 때 일이다. 선생님으로부터 부통령에 이기붕을 찍으라는 말씀과 함께 누런 종이 봉지에 '장수연'이란 상표가 있는 담배, 다섯 봉지 혹은 열 봉지를 지푸라기로 묶어 주면 받아 들고 와 동네 마을 어른들에게 나눠 주었다. 이 봉지 안에는 담뱃잎을 썰어 넣은 것이 들어 있고 그것을 곰방대나 종이로 말아 피우는 담배로 제일 쌌다.

뿐만 아니라 장터 마당을 드나드는 사람들이 국밥 한 그릇을 대접받고 으스대며 활보하는 것을 나는 보았다. 재주꾼들은 왕자표 고무신 한 켤레도 받는다. 이게 부정 선거 원조요, 단초로서 나 또한 부정 선거 운동을 한 것이다.

당시 이런 것들이 자유당 정권을 무너뜨린 3.15 부정 선거로 나라를 망친다는 사실을 전혀 몰랐다. 그런데 중학생으로 고등학교 선배들 따라 뛰어나가니 이게 4.19였고 무엇이 부정이고 무엇이 국민을 위한 일인지 눈을 뜨기 시작했다.

이렇게 하찮게 생각했던 행위들이 발전되어 근래에는 5만 원권 지폐로 바뀌어 쇼핑백, 라면 상자, 심지어 트럭까지 동원하여 소위 차떼기 사건까지 터지며 부정 선거 변천 역사를 기록하고 있다는 사실을 보고, 듣는 시대에 살고 있다. 참으로 기막힌 일이다.

결국 이런 부정한 돈들은 국민이 낸 세금을 갉아먹는 인간 송충이요, 백성을 배고프게 하는 요인이라 생각했다. 이를 지키고 막고 뜯어고치는 일이 정치요, 국회의원이 돼야 하는 가장 큰 이유였다.

그래서 나는 일찍부터 이런 잘못된 관행과 관습, 비리, 부패, 부정을 보아 왔고 척결에 유난히 관심이 많아 이를 뿌리 뽑는 운동에 나서게 되었다. 더구나 나는 너무나도 어린 시절 배고픈 서러움을 겪었고 고학을 하면서부터 더 강하게 가난을 해결하고 나처럼 배고프지 않고 고통 없는 나라, 월사금을 못 내어 학교에서 쫓겨나는 학생이 없는 나라, 인간다운 삶을 살 수 있는 그런 세상을 만들어야겠다는 강한 결심이 곧 국회의원이 되겠다는 이유가 된 것이다. 모든 국민이 차별 없이 배부르고 따뜻하게 행복하게 살 수 있는 정책으로 행복한 나라를 만드는 소박한 꿈을 키웠다.

고등학교에 진학해선 더욱더 강하게 정치 지향점을 뚜렷이 했고, 대학에선 말 그대로 현실 정치를 보다 가까이 맛볼 수 있는 정치 인물들을 만나게 되면서 본격적으로 정치 정당 생활에 물들어 가고 있었다.

어린 시절 막연하게 꿈꾸어 왔던 정치 지망생이 아니라 이제는 현실 정치에 눈을 떠 제일 먼저 가난을 없애는 정책, 정의를 앞세워 목소리도 높이고 인간의 가치관, 삶의 질을 향상시키고 행복을 추구하는 보다 구체적 정책 제안에 참여하게 되었다.

그 와중에 이한열 열사 죽음도 보고, 정부와 맞서 최루탄도 맡고 소위 닭장차도 타 보고 조사도 받고 어려운 고통도 맛보고 외국으로 쫓겨 가기도 했다.

이럴수록 나는 더욱더 국회의원의 꿈을 불태우며 달궈지고 연마돼 가고 있었다.

정주영 회장님과의 첫 만남

정주영 회장은 강원도 도민회장으로 도민회가 열렸을 때 공석에서 인사를 드린 적은 있어도 나를 기억할 수 있는 정도의 인연은 없었다.

14대 국회의원 총선거를 앞두고 한참 정당 간에 후보자를 모집, 공천 준비를 할 때 강원도 출신 정치 선배로부터 연락을 받았다. 나를 통일국민당 원주 지역 후보 공천을 할 테니 오라고 한다는 것이다. 아마 이분이 나를 섭외 책임자로 지명한 것 같았다. 내일 10시에 계동에 있는 현대빌딩에서 정주영 회장을 직접 만날 것인데 9시 30분까지 현대빌딩 건너편 운현궁 다방으로 오라는 것이다. 이튿날 약속 시간에 운현궁 다방으로 나갔다. 벌써 선배가 나와 있었다. 차를 마시고 내가 잠깐 먼저 가 보고 올 테니 기다리라 하고 선배는 나갔다. 나간 지 30분이 돼도 안 오고, 점점 예감이 불안하고 이상해지기 시작한다. 무슨 사고라도 났는지, 아니면 뭘까. 초조하게 마음이 조여진다. 거의 한 시간쯤 돼서 맥없이 들어와 앉으면서 입맛만 다신다.

"선배, 왜 그래요? 뭐요? 뭐 잘못됐어요?"

"말 좀 해 봐요." 다그치자

"아이참, 기가 막혀서."

"왜요?"

"아, 글쎄, 나는 원 선생만 단독으로 만나는 줄만 알았지."

"그런데요?"

"아~ 가 보니까 1층 복도에 두 줄로 길게 서 있고(12층으로 기억됨) 복도에도 꽉 차 있어. 아무튼 엄청나."

"그 사람들이 다 공천 희망자들이에요?"

"그렇다니까!"

"그럼 어떻게 해야 해요?"

"이 사람들은 몇 시간 전부터 와서 차례를 기다리다가 면접을 본대."

"에이, 난 안 갈래요."

"가만있자. 뭐 방법을 찾아보자고. 조금만 기다려 봐. 내가 또 갔다 올게." 말하고 다시 나갔다. 이제는 아까처럼 불안하지는 않은데 지루한 건 마찬가지다. 그런데 점점 화가 난다. "이런 무책임한 사람들이 있어!" 혼자 중얼거리며 기다렸다. 얼마쯤 기다리니 선배가 문을 열고 "빨리 나와." 손짓을 한다. 나는 벌떡 일어나 따라나섰다. 건너 현대빌딩에 들어섰다. 아니나 다를까, 두 줄로 길게 서 있다.

"아니, 이렇게 많은데. 난 못 기다려요. 갈래요." 하니까 선배는 옆쪽으로 돌아가더니 또 손짓을 한다. "원 선생, 이리 와." 옆 VIP 전용 엘리

베이터인 것 같다. 둘이 타고 올라가 내렸다. 아니, 여기 복도에도 대기 병이 꽉 차 있다. 회사 측 직원인 듯한 사람에게 뭐라고 손을 귀에 대고 몇 마디 하더니 나보고 이 쪽문으로 들어오란다. 나 혼자만 들어갔다. 조금만 기다리란다. 지금 면접 보는 사람 끝나면 다음 차례로 본단다. 조금 있다 문을 열고 들어가라 하여 들어가니 "여기에 앉으세요." 직원이 안내해 앉았다. 내 앞에는 정주영 회장이 가운데 앉아 계시고 양옆에 두 사람이 앉아 있었다. 비서나 면접관인 것 같았다. "원주에서 유력한 후보입니다." 그들이 나를 소개했다.

"그래?" 정주영 회장이 먼저 물었다.

"이봐."

"네."

"해 볼 텨?"

"네? 뭘요?"

"아니, 정치 말이여."

"네? 정치요? 글쎄요."

"뭐? 뭔 대답이 그래?"

"저 안 하겠습니다."

"그래, 그럼 나가 봐."

"네." 하고 나오려 하는데 순간 정주영 회장이 옆의 사람에게 말했다.

"이봐, 여기 책 한 권 줘." 그러곤 나에게 말했다. "읽어 보고 생각이 바뀌면 다시 찾아와." "네, 알겠습니다." 대답하고 나왔다.

그렇다. 나는 밑도 끝도 없이 묻는 게 황당했고 정 회장님 역시 당황한 모습이었다. 그도 그럴 것이 여기 찾아온 사람은 공천장만 주면 무조건 열심히 하겠다는 심산인 것 같았고 나는 또 원주는 원주와 원성 2개 지역구인데 나를 어느 지역에 공천을 할지, 공천에서 탈락할지 막연했기에 어정쩡하게 대답한 것이 매우 잘못된 것 같았다. 나는 이미 속으로 틀렸다는 예감이 들었다.

현대빌딩이 멀어지면서 점점 잘못한 것 같아 아쉽고 후회스러웠다. 이래저래 답답한 마음으로 청량리역으로 향했다. 원주행 표를 사서 열차에 올랐다. 나는 좌석에 앉자마자 받아 온 책을 꺼내 보았다. 제목이 『시련은 있어도 실패는 없다』였다. 책으로 봐선 표지로 보나 종이로 보나 그리 비싼 책은 아닌 것 같았다. '아니, 돈 많은 재벌가가 책 좀 성의껏 돈 좀 들여서 좋게 만들지.' 생각하며 읽는데 아니 점점 책 속으로 빠져들어 간다. 무에서 유 창조며, 도전 정신이며, 불가능은 없다는 인식이며, 경험이며, 어쩌면 나와 유사했다. 그래서 더 공감하고 감동했으며 반했다. 원주까지 가는 동안 나는 책 한 권을 다 읽었다.

원주에 도착하자마자. 다시 되돌아 서울로 왔다. 나는 선배를 찾기 시작했다.

"나 원 선생 안 만나요." 한마디로 거절이다. 짐작은 간다. 내가 면접 시 건방을 떤 게 화근이었다는 것을 모를 리 없기 때문이다. 다시 연락하였으나 불통, 나는 이튿날 단단히 마음먹고 다시 계동 현대빌딩을 찾아갔다.

　직원에게 정 회장님을 뵈러 왔다고 했더니 "어느 정 회장님 말씀하시는 거예요?"라고 한다. 여기서 정 회장은 정몽구 회장을 지칭하는 것이고, 정주영 회장은 명예회장이시란다.

　"이렇게 찾아오면 안 돼요. 보고드리고 오라고 하시면 연락드릴게요. 그때 오세요." "아니, 지금 보고해 달라니까요."

　"안 돼요."

　"아니, 어저께 정 회장님이 내일 다시 오라 하셨어요."

　"정말요?"

　"그렇다니까요."

　"알겠습니다." 비서실로 전화를 거는 모양이다. 한참 있다가

　"오늘은 안 계시고요, 다시 연락하신대요."

　"알았습니다." 하고 되돌아왔다.

　다음 날 연락이 왔다. 다시 찾아갔다. 마음을 단단히 먹고 정주영 회장님을 만난 것이다.

　"회장님, 저 정치하겠습니다."

　"그래, 왜 맘이 달라졌어?"

　"네, 책 보고 감동받았습니다. 어쩌면 저와 비슷한 삶이셨을 것 같아

서 더욱 존경스럽습니다."

"그래, 내 그럴 줄 알았어. 나가 봐." 이게 2차 면접이었다. 너무나 허망하다. 공천을 준다는 건지 안 준다는 건지 도무지 감이 안 잡힌다. 돌아와 결과를 기다리는 수밖에 없어 연락 오기만을 기다렸다.

공천장

공천장이라는 용어부터 올바른 이해가 필요하다. 공천장의 사전적 의미는 "정당에서 선거에 출마할 당원을 공식적으로 추천했다는 문서이다."라고 되어 있다.

맞다. 국회의원으로 가는 길은 순서가 있다. 우선 당선에 유리한 당으로부터 공천을 받는 관문이 있다. 공천장을 받기 직전 조직책을 받는다. 조직책 임명장 받은 것을 가지고 관습적으로 공천을 받았다고 모두 성급히 말한다.

정확히 말하면 공천 이전에 후보 지역구 조직책 임명장을 받아 지역구에서 지구당 창당대회나 개편대회를 통하여 당원들로부터 일차 지역 예비 심사 격인 지구당위원장에 정식 선출돼야 한다. 위원장이 된 다음엔 중앙당 대표로부터 자격을 부여받게 되는데 그게 바로 공천장이다(비례대표는 지역구가 없으므로 바로 공천한다).

국회의원에 나오려는 사람 누구나 제일 고통스러운 게 조직책 임명장이요, 공천장이다. 공천장 때문에 동창도, 형제도, 스승과 제자 간에도, 좋았던 사이가 안면을 바꾸고 치열하게 한판 승부를 내야 한다. 이것 때문에 돈 봉투가 왔다 갔다 하고 구속도 되고, 싸움질도 한다. 또한 공천 심사위원장은 메뚜기도 한철이요, 그것도 권력이라고 힘주고 으스대는 등 여러 웃지 못할 희극이 있고 눈물 없이는 볼 수 없는 게 '공천장 괴물'이다. 바로 이런 공천장을 받기 위해 동분서주한다. 공천장에 목을 매고 덤벼들어 따내야 하는 일차 관문이다. 나도 이 경쟁에 뛰어들고 초조하게 심판을 기다리고 있는 것이다. 발표가 나기 전에는 별의별 소문만 무성하게 되고 유언비어도 한창 떠돈다. 내 선거구 원주도 말이 많았다.

    대성고등학교 나의 한 해 선배인 함병태 씨가 공천이 틀림없다고 그렇게 내 속을 뒤집어 놓았고 또한 원주에서 단골 후보요, 지역 유명 인사인 고 문고령 씨가 유력하다, 아니다. 재벌가 정주영 회장이 원주로 나온대. 무슨 소리, 아니야. 공화당 시절 박정희 대통령 심복이었던 4선 의원 김용호 씨가 틀림없다니까. 시시각각 장소마다 어제 발표 전까지만 해도 예측과 주장이 달라 언쟁이 높았다. 내가 조직책(공천)이 확정되었다는 신문 보도는 원주를 놀라게 하고 나를 더욱 가슴 뛰게 했다.
    앞서 정주영 회장과의 첫 만남에서 소개한 바와 같이 공천을 한다는 건지 안 한다는 건지 미지근하게 헤어져 불안한 마음으로 걱정하고 있는데 새벽 신문 가판대에서 구입한 신문 보도를 통해 확실히 알았고 낮에 중앙당으로부터 조직책 임명장을 받으러 오라는 전화 통보를 받고서야 확실히 알았다.

들뜬 마음으로 서울 마포 사무실에서 동전 1원보다 작고 가운데 구멍이 난 토큰(당시 210원 버스표)을 들고 버스를 탔다. 오후 2시까지 시간에 맞추어 서대문 적십자병원 옆 통일국민당 당사로 갔다. 당사라고 해야 임시로 쓰는 사무실로 매우 복잡했다.

벌써 내가 도착할 때는 이미 50여 명이 모여 있었다. 그중 눈에 번쩍 띄는 사람이 적지 않았다. 강원도 출신 코미디언 고 이주일 씨와 유명 연예인 강부자 씨, 최불암 씨도 보이고 내로라하는 전·현직 국회의원, 장성 출신 등 모두 대단한 분들이 앉아 있다. 반갑게 인사를 나누고 기다렸다.

한참을 기다리고 있는데 정주영 회장님이 들어오신다는 말에 모두 자리에서 일어났다. 정 회장님이 들어오셨다. TV 방송사와 신문사 사진기자들이 몰려오더니 눈부시게 찍어 댄다. 박수 소리가 요란하다. 정 회장님은,

"왜덜 이래 서 있어?"라고 반농담 같은 말투로 첫마디를 꺼냈다.

비서진에서 "임명장 수여식을 하려 합니다."라고 하자,

"무슨 거 그런 게 뭐가 필요해? 얼른 가서 한 사람이라도 만나야지!" 흘리는 말씀을 하시며 인간성으로 참석자들을 제압했다. 서둘러 조직책 임명장을 주었다.

강원도 원주가 우선순위다.

"원주 원광호." 사회자 호명에 따라 받았다. 받는 즉시 문을 나서려 하는데 정 회장님은 "이봐, 줬어?"라고 비서진에게 물었다.

"네."

"얼마?"

"네, 3개요."

"뭐? 3개가 얼마여?" 비서진은 기자들이 지켜보고 있어 우물쭈물했다.

"아, 3개가 얼마여?" 재차 물었다.

"네 3,000만 원입니다." 귓속말로 다가가 말했다. 정 회장님은 거리낌 없이 큰 소리로 "어, 거기 3,000만 원 들었대. 그거, 창당대회 때 다 써. 그리구, 선거 때는 또 줄게." 나는 그때 이분의 경영 철학과 인간 냄새를 맡았다. 참으로 대단한 분임을 알아차렸다. 말씀 한 마디, 한 마디가 가식이나 형식을 피하고 어쩌면 어수룩한 듯하면서 약간은 절차를 무시하고 모르는 척하면서 보다 인간적 따스함을 느끼게 해 진한 감동을 주는 색다른 인간 처세술임을 알게 되었다.

나는 급한 게 돈 확인이었다. 승강기 탈 시간이 없다. 급히 비상계단으로 한 층 내려가 화장실로 들어갔다. 들어가자마자 받아 든 얄팍한 서류 봉투를 벌려 보았다. 그런데 이게 웬일인가. 봉투 안에는 임명장 한 장뿐이다. 매우 당황스럽고 제정신이 아니었다. 방금 분명히 이 봉투 안에 3,000만 원이 들어 있다는 말을 들었는데 돈이 없는 것이다. '아하, 송금해 주는 건가? 아니면 내 봉투에만 빠진 건가!' 도무지 몸이 바로 서지 않을 지경이다. 상상에서 헤어나지 못하다가 '아니다.' 하고 나도 모르게 화장실 볼일은 없는데 좌변기의 뚜껑을 닫고 그 위에 털썩 주저

앉았다. 봉투를 거꾸로 들고 털었다. 조그마한 누런 편지 봉투 하나가 떨어진다. 황급히 봉투를 들여다보니 퍼런 수표 한 장이 들어 있다. 내 지금까지 10만 원짜리와 100만 원짜리 수표는 보았어도 이런 수표는 처음 보았다. 원래 어릴 적부터 셈본에는 빵점이요, 계산에는 어두워 도대체 이게 얼마짜리인지 모르겠다. 평소대로 나는 오른쪽에서 왼쪽으로 동그라미를 세어 갔다. 단, 십, 백, 천, 만, 십만, 백만, 천만, 천만 자리에 3자가 붙어 있으니 30,000,000원이다. 3천만 원이 맞다. '아~' 나는 놀라고 미칠 지경이다. 내가 마포에서 여기 올 때는 210원짜리 버스 토큰 하나 주고 타고 왔는데 내 손에 3백만 원도 아니고 3천만 원, 참으로 기가 찰 일이다. 그 감정은 지금도 어떻게 표현할 길이 없다. 나도 모르게 두 손 모아

"하느님."

"부처님."

"부모님."

"정 회장님."

"감사합니다."

"감사합니다." 정신없이 입에서 나오는 대로 되풀이했다. 혼자 화장실에서 정신없이 흐느끼며 울었다.

흘리던 눈물, 콧물을 휴지로 닦고 앉아 있던 변기에서 일어나 나왔다. 바로 청량리역으로 와 열차를 타고 원주에 도착해 지구당 창당대회 준비에 열을 올렸다.

내 차가 불에 타

 갑자기 사고가 발생했다. 지구당 창당대회에 만전을 기하고 최종 점검하고 있는데 직원이 "위원장님, 불났습니다." 빨리 나오라고 소리친다. "어디야?" 하고 방에서 뛰어나오니 직원들은 벌써 불을 끄러 밖으로 다 나가고 아무도 없다.

 건물에 불이 난 줄 알고 덩달아 건물 밖으로 뛰어나왔으나 요란한 소방차 비상 방송에 교통은 마비요, 불난 곳은 안 보이고 건너편 사람들이 쳐다보고 있는 쪽이 사무실 옆 천주교 건물 같다. 허겁지겁 건너편으로 가 보니 불난 곳은 건물이 아니라 천주교 담벼락을 끼고 일렬로 주차한 차들 중 내 차(그라나다)가 불에 타고 있었다. 다행히 건물로 번지기 전 불길을 잡고 검은 연기만 시커멓게 하늘을 덮고 사람들만 웅성댄다. 경찰과 소방관이 나에게 다행히 내 차만 탔다고 한다. 이것 또한 천만다행이다. 사무실로 돌아와 놀란 가슴을 쓸어내리며 곰곰이 생각해 보았다. 도대체 왜 차에 불이 났을까? 원인이 궁금하다. 사무장에게 경찰서와 소방서에 철저한 조사를 하라고 지시했다. 나는 확실한 증거나 물증은 없지만 분명히 이건 방화 사건으로 간주하고 타 후보 측의 공작 정치 일환으로 판단, 이 사실을 중앙당 선거대책본부에 긴급 상황 보고를 했다.

이 보고는 선거 전략상 선거운동 방해 일환으로 벌인 사건으로 중앙당 차원에서 성명서라도 내고 이에 철저한 조사와 공고로 엄중 처벌은 물론, 유사한 사태가 발생하지 않도록 만전을 기하라는 뜻의 보고였다. 하지만 중앙당에서는 그저 자동차가 불에 타서 운동에 지장을 받은 줄로만 알고 총재 지시로 당장 차 한 대를 보내겠다는 연락이 왔다. 하도 기가 막혀 다시 전화를 걸었다. 역시 답은,

"자동차는 걱정 말라고. 우리가 다 조치해 놨으니까."

"아니, 그게 아니고요. 공작 정치에 휘말리지 말고 정신 똑바로 차리라고요."

"뭐? 우리가 정신 나갔단 말이야?"

"하 참, 말귀를 못 알아듣네. 전화 끊어요." 하고 화가 나서 전화를 끊었다. 내가 화가 나서 사무실을 왔다 갔다 하니까 직원들과 당원들이 들어와,

"위원장님, 이제 선거는 끝났습니다."

"뭐? 선거가 끝나다니? 그게 무슨 말입니까?"

"아, 글쎄, 옛날부터 불난 집은 무조건 성공이라 했잖아요."

"에이, 난 또 무슨 소리인가 했더니." 한바탕 웃었다.

그렇게 화재 사건을 겪고 잡담이 오가는데 갑자기 손님들이 들이닥

쳤다.

이들은 현대계열사 강원도 내 지사, 지점을 맡고 있는 약칭 현강회 회원들로 중앙의 연락을 받고 자가용을 나보고 사용하라고 가져왔다는 것이다.

갑자기 자가용이 여러 대 생겼다. 현재는 사용할 환경이 아니고 필요하면 연락하기로 하고 정중히 사양했다. 아마 모든 차량을 지원하라고 지시가 떨어진 것 같았다.

이 화재로 예상치 못한 차량을 비롯한 인적 지원과 운동 지지를 곱빼기로 받아, 내 뒤에는 현대라는 든든한 힘이 있어 나는 외롭지 않음을 비로소 실감했다.

이때부터 힘이 용솟음치고 멍했던 머리가 팍팍 돌아갔다.

우선 불에 탄 내 자동차를 원주에서 감정하면 진실이 은폐될 것 같아 새벽에 서울 장안평 단골로 수리를 맡기는 태양 배터리 수리점으로 옮겼다. 그리고 철저한 분석 조사를 부탁했다. 나중에 나온 결과지만 원주경찰서 조사는 예상대로 자동차가 오래돼서 자연발화로 종결지었고, 서울 장안평 자동차 수리 전문점은 인화성 물질(휘발유 종류)에 의한 발화가 틀림없다는 감정 진단으로 엇갈렸다. 이 외에도 유사한 사건이 한두 가지 아니다. 어찌 되었거나 예부터 전해 내려오는 불난 집은 불같이 일어난다는 속설을 위안 삼으니 기분 나쁠 건 없었다.

눈물바다 창당 대회

창당 비용으로 일금 삼천만 원을 받았으니 준비 자체가 확 바뀌었다. 우선 대회 장소가 예식장에서 대형 극장으로 바뀌었고 그전에는 싸구려 이백 원짜리 빵 하나에 백 원짜리 우유 하나를 서류 봉투에 담아 나눠 줬는데 이제는 크고 의젓한 식당에서 오천 원짜리 설렁탕을 대접하게 됐으니 부자가 된 기분으로 모든 게 원활하게 돌아갔다.

오래전부터 원주시는 시내를 중심으로 큰 도로가 A 도로와 B 도로, 그리고 C 도로, 3개가 있다. A 도로는 남부시장에서 옛 원성군청 앞을 지나 중앙시장을 거쳐 학성동 원주역까지를 말하고 B 도로는 옛 시외버스종합장에서 중앙동 옛 원주시청 앞을 지나 옛 원주전신전화국까지이고 C 도로는 원주 쌍다리 앞에서 평원동 옛 금성호텔을 지나 원주역까지를 말한다.

바로 창당대회장은 C 도로 문화극장을 예약했다. 장소가 커서 좋기는 하지만 이 극장이 차려면 적어도 삼백 명 이상 참석해야 체면이 설 터인데 아무리 생각해도 참석해 줄 사람이 턱없이 부족하다.

이유는 간단하다. 내가 원주에 살던 시민도 아니고 학교는 귀래초등학교, 중학교는 횡성중학교. 고등학교는 대성고등학교이지만 총동창회는 물론이고 회별 동창, 하물며 반창회도 안 간 놈이 동창은 어디 있고 친구가 어디 있겠는가? 그렇다고 집안 이래야 사돈의 팔촌까지 세어 봐도 삼십여 명도 안 되고 보면 참으로 한심스럽고 무모하기 그지없다. 하지만 내가 누구인가. 언제는 내가 뭐가 갖춰져서 해 왔나. 무조건 나의 의지와 꿈, 그리고 정의감, 열정이 남이 갖지 못하는 무기가 아니던가? 그렇게 별 따기보다 어렵다는 중앙당으로부터 공천장까지 받아 왔다는 것은 대단한 것이라고 스스로에게 위로와 격려를 하면서 용기에 용기를 냈다.

우선 봉고차에 확성기까지 매달아 중앙당에서 보내 줬으니 신바람 나는 운동을 시작한다. "아~ 아! 마이크 실험, 마이크 실험." 두세 번 반복, 점검을 끝내고 운전대를 잡고 무작정 출발했다. 내 옆에 나를 도와주는 보조에게 마이크를 내 입 가까이 대라 하고 나는 안내 방송을 시작했다.

"존경하는 원주 시민 여러분! 안녕하십니까? 저 원광호가 돌아왔습니다. 내일 오전 11시 문화극장에서 그립고 그립던 원주 시민 여러분을 뵙게 됐습니다. 저 원광호를 아는 분! 원광호를 기억하는 분! 나라를 걱정하고 원주시를 사랑하고 나라 살림을 걱정하는 모든 분을 모시고 그동안 쌓였던 고민거리를 한 방에 속이 뻥 뚫리는 강연회를 하오니, 한 분도 빠짐없이 참석해 주시기를 바랍니다."

나는 시간이 갈수록 목이 터져라, 호소하는 심정으로 A 도로, B 도로, C 도로, 이 골 목, 저 골목, 변두리 관설동에서 태장동까지 돌며 외쳐 댔다.

그런데 마이크를 대 주는 사람이 차가 갑자기 덜커덩 출렁대면 입술, 코를 때리고 도저히 맞지 않아 나는 한 손으로 운전대를 잡고 한 손으로 마이크를 잡고 말했다. 하지만 갑자기 좌회전하려니 마이크를 놓치고 말았으니 말이 끊기고 실수도 반복, 정말 울지도, 웃지도 못할 일들의 연속이었다. 원래 창당대회를 치르려면 준비할 것이 많다. 우선 원주 시내 거리 현수막, 대회장 실내외 현수막 수십 개를 걸게 되고 홍보 전단에 가슴에 부착할 사진 배지며 팻말 등 엄청나다. 여기에 당일 행사 진행 요원부터 안내원까지 많은 인원이 동원되어야 하니 준비는 바쁠 수밖에 없다. 그런데 이런 모든 걱정은 이미 중앙당 지원으로 연락이 되어 걱정 안 해도 된다는 보고를 받고 보니 정말 하늘이 돕는 당선 예감이 들었다.

대회는 예상을 깨고 대성황이었다.

참석자가 넘쳐 못 들어온 분들은 밖에서 확성기를 통해 들어야만 했고 지지 환호는 당선을 예고하듯 그 열기가 대단했다. 당연히 만장일치로 통일국민당 원주시 지구당 위원장이 되고 원주시 지역구 후보자 수락 연설을 했다. 대회장의 "원광호! 원광호!" 열렬한 환영 연호 속에 당당히 연단에 섰다.

"나는 그 어려웠던 '깡통 거지 소년의 꿈'을 이루기 위해 이 자리에 섰습니다. 저뿐만 아니라 모두 어려웠습니다. 추운 겨울이 지나 따듯한 봄이 와 마냥 즐거워야 할 봄이 가난했던 우리들에게는 왜 그리 힘들고 고단했는지 지금도 생각하면 눈물이 납니다. 지금 이 자리에는 제가 학창시절 깡통을 들고 밥을 얻어먹으러 갔을 때 아낌없이 보리밥을 수북이 퍼 주셨던 분도 계시고, 제가 팔던 연필이며 비누며 생필품을 사 주신 잊을 수 없는 고마운 분들도 계십니다."

금방 이곳저곳에서 흐느끼는 울음소리가 들리기 시작했다. 나도 모르게 금세 목이 메고 콧물, 눈물, 범벅이 된 채 더 이상 말을 이어 가지 못하고 소리 내 울었다.

"바로 이런 시절은 다시 없어야 한다는 결심으로 깡통 소년은 보릿고개를 없애는 정치! 백성이 배곯고 가난에서 허덕이는 일이 다시는 반복되지 않는 정치! 이런 나라를 만드는 정치! 이 정치의 꿈을 키워 왔습니다. 바로 이제야 국회의원이 되겠다고 나왔습니다. 그런데 이틀 전 누가 내 차에 불을 질렀습니다. 위대한 원주 시민 여러분! 원광호를 도와주십시오! 간절히 호소합니다."

대회장은 온통 눈물바다에서 단합대회로 변했다. 청중들의 감동의 눈물바다는 취재 열기로 이어졌고 언론 보도는 당선을 예고해 주었다. 거기에 정주영 회장의 특별한 원주 사랑, 현대계열사의 전폭적인 지지와 성원은 대회장을 뒤엎었다. 대회는 이렇게 성황리에 끝을 맺고 극장 앞 설렁탕집은 상상을 초월, 북적이며 그 분위기는 마치 국회의원에 당선이라도 된 들뜬 잔치 분위기였다.

이렇게 이날 창당대회는 두고두고 잊지 못할 '원광호' 역사를 기록하였다.

국회의원 입후보

후보 등록을 마친 후 벽보는 원주 시내를 도배하고 연일 계속되는 언론 보도는 점점 선거 열기에 불을 붙였다. 터무니없는 중상모략과 허위 사실 유포는 도를 넘어 고소, 고발 직전까지 갔으나 보는 이마다 참으라는 권고에 가슴을 가라앉히며 참아야 했다.

자동차가 불에 타지를 않나, 모 유세장에서는 내가 원광호 후보 셋째 마누라라며 연단에 뛰어들어 망신을 주어 떨어뜨리겠다느니 별별 가지가지 공작 연출, 대응했던 경험은 참으로 거론조차 민망할 지경이었다. 거기다가 대리 투표자의 고백, 투표용지가 밖으로 삐져나와 소동이 벌어진 일이며, 선거에 얽힌 가지가지 여러 사건은 나를 분노케 하였으나 다 된 밥에 재 뿌리지 말라는 스승님의 말씀에 수십 번 내 마음을 내려놓았다.

그러나 되는 집은 뭐가 달라도 달랐다. 후보 연설장마다 수많은 시민이 몰려와 관심과 응원을 보냈고 그중 열성 지지자들의 연호와 함성은 원주 치악산 메아리로 승리를 예언하듯 요란했다. 선거 초전부터 투표, 개표, 당선 통지서를 받을 때까지 그 열기는 식을 줄 모르고 이어졌다.

국민 배우의 비하 발언

되는 집은 엎어져도 된다는 말이 실감 난다.

각 당이 중앙당 차원에서 대대적인 선거운동 지원 연설을 하고 연예인을 동원하여 시장을 돌며 거리 운동, 사인회 등 명분을 내세워 세몰이를 한다.

원주 지역은 정주영 회장이 특별히 신경 쓰는 강원도 표밭이어서 타 후보 중앙당 지원도 유별나게 신경 써서 유명 연예인이 대거 동원되었다.

그중 누구나 다 아는 유명 국민 배우 이 신사(가명) 씨가 나의 상대 후보 지원 연설을 위해 원주천 연설장에서 연설을 했다.

원광호 후보는 한문을 한 자도 몰라 한글만 쓰며 한글학자다, 한글 운동가다 자칭 외치고 있다며 나를 평가절하 추락시키는 발언을 했다고 들었다.

나는 이를 되받아 말했다. "나를 한문을 한 자도 모르는 무식한 사람으로 한글 운동을 한다고 떠든다 했다는데 그 말이 사실인지 아닌지는 간단히 증명할 수 있다." 말하고 그 말을 한 당사자는 물론 한문을 많이 안다는 그 어느 누구도 좋으니 당장 이 자리에 나와서 한문 외워 쓰기 시험을 하자고 원주천 유세 연설장에서 제안했다.

아무도 나오지 않았다. 나는 큰소리쳤다. "모두 훌륭한 분들이라 믿고 존경해 왔지만 이렇게까지 무시당함은 참을 수 없어 제안하는 것이다." 라고 하였더니 내 실력을 인정한다는 뜻인지 박수와 함께 또 원광호 연호가 터져 나왔다.

비하 발언을 한 국민 배우는 오히려 나를 높이 평가하는 데 있어 공로자로 둔갑해 당선에 큰 몫을 해 주었다.

이렇게 자동차가 불난 것도 국민 배우의 비하 발언도 모두 나에게는 당선을 예고한 것이라 믿게 됐다.

제8장

깡통 거지가 국회의원이 되다

깡통 거지가 꿈꾸던 국회의원에 당선되다

그토록 멀고 험난한 길, 여기까지 왔다.

꿈꾸던 인형이 아니라 꿈을 실현한 국회의원이 된 참으로 감격스러운 일이다.

내가 태어난 백골 동네가 야단났다. 소박한 마을 사람들이 차려 준 마을 잔치에 한없는 고마움과 원주 지역 유권자들의 아낌없는 지지와 성원, 당선 환영 축하까지 받으니 고난과 기쁨의 눈물 젖은 기록을 또 한 장 남기게 되었다.

당선의 고마운 인사는 한도 끝도 없겠지만 무엇보다 당선이 기쁨이고 영광이라면 당연히 나를 당선으로 이끌어 주신 정주영 회장님께 돌리고자 일찌감치 찾아뵙고 인사를 올렸다. 또한 그중에서도 한글학회 허웅 회장님을 비롯한 관련 단체장님과 회원들, 이분들을 주선해서 버스를 대절하여 원주까지 여러 차례 응원을 와 준 외솔회 고 박대희 선생님의 고마움을 잊을 수 없다.

그리고 교우회기를 들고 원주까지 와서 흔들며 응원해 준 고대, 경희대 일부 동문님들, 귀래초등학교에서부터 횡성중·고등학교, 대성중·고등학교 뜨거운 동문님들, 귀래 출신으로 서울에 와서 고향을 그리며 탑처럼 발전해 간다는 의미로 귀경탑발전회를 조직하여 애향심으로 가득 찼던 귀경탑발전회 회원님들, 원주·강원 향우회 회원님들, 모두가 나에겐 소중하고 고마운 분들이었다. 또한 누구보다도 간절한 마음으로 국회의원이 되기를 바랐던 원씨 문중 일가와 여러분, 더없이 고마웠다. 뭐니 뭐니 해도 나를 뽑아 준 원주 시민 유권자분들의 소중한 한 표 한 표에 감사드리며 이 표에 담겨 있는 희망과 기대에 보답할 일만으로 가득 차 있다.

나는 방송에서 당선 소감과 각오 대담에서 분명히 밝혔다.

"유세장에서 약속한 것처럼 도둑질, 거짓말은 하지 않겠다. 법안 발의와 한글 운동 실천으로 나라 사랑, 국가에 헌신하겠다."라고 말하고 지역 발전과 국가 발전 정책을 잘 챙겨 추진하겠다는 약속도 했다.

힘주어 배고픈 시리움을 해결히는 데 몸 바치겠다는 약속도 했다.

영광의 시간도 잠시, 현실 정치에 몸을 실어야 했기에 등원을 서둘렀다.

마을 분들의 따뜻한 축하 잔치를 뒤로하고 국회로 향했다.

잊지 못할 조영식 총장님

국회의원이 되고 나면 제일 먼저 고민거리가 있다. 누가 후원회장이고 누가 후원하느냐에 따라 의원의 평가는 물론 후원금이 달라진다.

보잘것없는 나를 누가 후원해 줄까 고민하고 있었다. 마침 조영식 경희대 총장님께 당선 인사를 드리러 간 일이 생각났다. 나는 후원회 날, 시간 되시면 격려 말씀이라도 해 주실 수 있으신지 전화로 여쭈어보았다. 원 의원에게 도움이 된다면 무엇이든 하겠다고 말씀하셨다. 나는 인사도 드릴 겸 찾아뵈었다.

"그래, 후원회는 어떤 분이 맡았어요?" 물으셔서

"저 그게 고민입니다."

"뭘 고민해요, 마땅한 사람이 없으면 내가 해 주겠어요."라고 하셨다.

"네, 총장님." 정말 뜻밖이었다.

"고맙습니다, 총장님." 나는 이렇게 해서 총장님을 후원인으로 모시게 되는 영광을 안게 되었다.

나는 곧바로 후원회 소개서를 원색으로 만들었다. 물론 조영식 총장님 후원 글과 함께 졸업식 때 총장님과 악수하면서 "배운 대로 열심히 하겠습니다." 다짐하는 대표로 졸업장 받는 사진을 큼지막하게 넣어 제작하여 후원의 밤 행사에서 유효하게 잘 사용했다.

대학 총장이 정치인 후원회로 나서는 일은 극히 이례적이다. 명예에 신중함을 더하는 대학 총장으로서 쉽게 수락할 일이 아닌 데다가 더구나 정치 초년생, 초선의원인 나에게 후원을 자청하신 것은 무엇으로도 고마움을 다 표현할 수 없는 일이었다.

총장님의 사랑과 배려는 더욱더 올바른 정치인으로서 행동과 몸가짐부터 조심하며 모범 의정 활동을 통해 보답하겠다는 다짐을 하게 하였고, 나는 총장님을 잊을 수 없는 분으로 존경한다.

"총장님 고맙습니다."
(경희대 총장 조영식 박사)

의정활동

1) 국회부터 법을 지키자!

깡통 거지의 국회 첫 등원

앞서 나는 당선 소감에서 "꿈꾸던 인형이 아니라 꿈을 실현한 국회의원이 된 것이다."라 말하고 맘껏 현장 정치, 행동하는 정치를 하겠다는 다짐으로 시작했다. 그러나 내 소신과는 달리 국회의원 의정 활동으로 가는 길은 순탄하지 않고 험난했다.

나는 처음 국회에 등원하자마자 "국회의원부터 법을 지키자."라고 말하고 평소 꿈꾸어 왔던 정책을 제안했다.

국회 본회의장 처음 발언

우선 먼저 내가 국회의원이 되고자 했던 가장 큰 이유가 부정부패를 없애고 모든 국민이 배곯지 않고 가난에서 벗어나 누구나 고등학교까지는 부담 없는 교육을 받도록 하게 하는 것이며 오로지 건강하고 행복하게 살 수 있는 복지국가를 만드는 데 목적이 있다고 이미 수차례 밝힌 바 있다. 하지만 현장 정치는 너무나 판이하게 멀고 괴리감이 컸다. 첫째 발언에 제한(당 소속 의원 경우)되었고 무소속은 더 말할 것도 없다.

애당초 정치 입문부터 권력으로 사람을 제압하고 필요에 따라 당적을 합치고 깨고 공천장에 목을 매는 환경을 보았고 당선자와 낙선자의 갈림길도 지켜보았고 없는 말도 꾸며 내는 공작 정치를 맛본 사람으로서 크게 놀랄 일은 아니지만 정치 초년생으로서는 어리둥절할 수밖에 없었다.

소신 있는 정책 발언 기회도 얻지 못하고 아무리 정의를 부르짖은들 메아리 없는 독백이요, 오직 정의는 권력이든 금력이든 둘 중 하나가 있어야 유지되는 현실에 이런 정치판에서는 내가 버텨 가기가 여간 힘든 게 아님을 새삼 느꼈다.

가짜가 진짜를 밀어내고 비정상 속에 정상이 꽂혀 있으니 나는 돈키호테로 취급받아 항상 흥분과 분노, 이러다간 임기를 채울 수 있을까 두려움마저 생기기 시작했다.

물론 융통성 있게 눈치껏 따라가면 편하고 덜 힘들 수도 있겠지만 내 양심으로는 그렇게 할 수도 없고 한마디로 적성에 맞지 않음을 깨닫게 되었다.

이 모두는 나만 편하자고 따라 하기에는 너무나도 엄청난 일이고 내 양심에 용서할 수 없는 판단에서 하루를 해도 정정당당하게 그리고 후회 없이 멋지게 의정 활동을 하겠다는 비장한 각오가 있었기에 살아남을 수 있었다.

그중에서도 참고 이겨 내기 힘들었던 부분이 돈 봉투 유혹이다. 이를 뿌리치는 용기와 거절 방법, 이건 정말 경험 없는 사람에게 백 번 설명해도 나를 이해해 줄 사람이 없다. 여기서 오는 또 다른 괴로움과 일종의 배신감이 컸다.

그래도 난 말한다. 그런 점에서는 정말 멋있고 잘했다고. 또한 내가 뱉은 한마디는 아무리 세월이 흐르고 변해도 언제 어디서든 떳떳하고 자신 있게 말할 수 있고 또한 근거로 기록에 남겨야 했다.

바로 선거 때 유세장에서 원주 시민에게 약속한 말이다. "내가 국회의원이 되어 정치를 잘하고 못하고는 해 봐야 알 일이고 이 자리에서 무엇 무엇을 하겠다는 공약도 자신도 나는 할 수 없습니다. 하지만 내 의지로 약속할 수 있는 것은 단 하나! 절대 도둑질 안 하고 더러운 돈 봉투는 안 받겠다고 약속합니다." 나는 항상 이 말을 되새기며 많은 유혹을 뿌리친 용기도 바로 여기서 기인했다고 생각한다.

때는 무소속에서 집권 여당으로 당적을 옮기면서 벌어진 일이다. 대통령 초대 저녁 식사로 독대하게 되어 청와대에 갔다. 이때 청와대에서 받은 떡값 봉투를 나오자마자 기자회견을 통해 공개한 것이 화근이 되었다.

당시 소속 집권당에서는 차기 공천의 탈락을 우려하여 행한 짓으로 언론 보도를 통해 덮으려 했고 직간접적으로는 말리는 척하였으나 받아들이는 나에게는 협박이요, 공포로 병원 신세를 져야만 했다. 그 후 자진

탈당으로 무소속 외톨이가 되고 말았다. 두려움 속에 정신 건강, 육체 건강 모두가 말이 아니었다. 나는 그럴수록 독한 마음으로 정의의 손을 치켜들고 폭로 일변도로 가고 있고 결국은 동료 의원도, 지인도 하나둘 떨어져 나가 나 홀로 안간힘을 다해 애썼으나 몇 가지 법안 발의와 사건으로 마감해야 했다. 그중에서도 모 자동차 회사 특혜 의혹 사건, 고교 평준화 사건 등 실로 굵직한 사건들도 있었고 결국 의욕이 넘치다 보니 탈도 많았고 위험도 많았다.

2) 국회서 쫓겨날 뻔

국회에서 쫓겨날 뻔한 적도 있었다. 당시 고교 평준화 운동에 적극적으로 참여하는 과정에서 교육 관계자와 시비 마찰로 모 단체 수만 회원이 국회의원직에서 물러가라고 국회 앞 시위가 목전에 와 있었다. 당시 이만섭 국회의장이 스스로 물러가겠느냐 아니면 사과를 하겠느냐 권고가 있었으나 나는 당당히 말했다. "내가 물러나고 안 물러나는 것은 국회의장도, 대통령도, 나도 못 한다. 오직 나를 뽑아 준 원주 시민(당시 25만)이 물러나라 하면 물러나겠다." 하고 수만이 아니라 수십만 명이 쳐들어와 나를 끌어내려 한다 해도 나는 사과도 물러설 수도 없다고 단호하게 말했다. 결과는 정의로 정면으로 맞선 내게 손을 들어 주어 승리했다. 참으로 웃지도 울지도 못할 희비가 엇갈리는 기로에서 헤맨 일이 한두 번이 아니다. 지금도 그때처럼 그렇게 하겠느냐고 묻는다면 분명히 자신이 없다고 말할 수밖에 없다. 그런데 그 당시는 어디서 그런 만용과 패기가 꿈틀댔는지 나 자신도 놀랄 일이다.

뿐만 아니라 국회 배지를 혼자 한글로 달고 다니니까 일회성 쇼를 한다느니 돈키호테라느니 놀림과 비웃음으로 대하던 동료 의원들에게 따돌림을 받았던 쓰라린 추억도 잊을 수 없다. 그래도 이겨 낼 수 있던 원천적 힘은 정의가 내 가슴속에 단단히 자리하고 있었기 때문이었다고 믿는다.

이밖에 국내외 의정 활동에 기록을 남긴 몇 가지 중 첫 번째가 나의 최대 관심사요, 문제로 고민하던 교육정책이요, 교육정책 중에서도 교과서 문제였다. 그다음 입시 제도 개혁과 책가방 줄이기였다. 그다음 해외 교포 2세를 위한 교육정책과 급변하는 국제 정세 속에 시급했던 한국어 교육 대책이었다.

나름대로 국정감사와 정책 제안으로 시비도 많았고 직접 해외 순방 답사로 현장 실태를 확인, 대안도 제시했었다.

좀 더 시야를 넓혀 국제 정치의 맛도 보고 정책에 반영하려 애썼으나 역부족으로 뜻을 이루지 못한 채 국회를 떠나게 됨을 무척이나 아쉬워했다. 물론 내가 목표를 세운 것 중 가난을 해결한다는 목표에는 접근도 못 했다. 하지만 한글 박사 칭호답게 한글 연구를 심도 있게 했음은 물론 한글 운동가로서의 사명에 충실했다. 뒤에 나오겠지만 『한글 운동 60년사』를 책으로 남긴다는 목표로 출간했다.

또한 국내보다 국제 무대 활동으로 나라를 빛내고 두 번째 가라면 서

운할 정도로 열정을 쏟은 결과의 흔적도 기록으로 남겼다. 이를 보고 가치 있는 정치 경험이었다고 스스로 자평하며 위안하고 있다.

청와대 떡값으로 떡 한번 못 먹어 본 채 대가를 톡톡히 치른 후 몸을 추슬러야 했는데, 고향 원주에서는 추한 꼴을 보이기 싫어 양평에 둥지를 틀고 지금껏 살고 있다.

지금 생각해 보면 너무나도 터무니없이 정의만 부르짖다 아쉬움만 남기고 이제야 자신의 적성과 분수를 깨닫고 정치와는 담을 쌓고 오직 건강이 유지되는 한 한글 운동에만 전념하겠다는 마음가짐으로 충실히 살고 있다.

금배지 달고 모교 찾아

나는 평소 하루도 쉬지 않고 지난날들의 고난 속에 나 스스로와의 약속과 결심을 다지고 특히 고교 시절 뼈저린 날들을 기억하면서 금배지의 꿈을 꾸었다. 그 꿈은 헛되지 않은 꿈! 그 꿈은 꿈이 아니요, 현실로 이루어진다는 확신 속에 매진해 당당하게 국회의원에 당선되었다.

당선되자마자 제일 먼저 찾아가서 만나고 싶은 사람이 바로 명찰을 뗀 조조다 담임선생님이었다. 그리고 다음 순번으로는 여기서는 밝힐 수 없는 또 한 분이 있다.

그러나 국회로 출근하면서 무엇부터 어떻게 해야 할까 고민 끝에 우선순위가 바뀌었다. 나의 한 많은 그 감정을 내려놓자. 25만 원주 시민이 나를 국회의원으로 뽑아 줄 때는 이런 사사로운 감정이나 털어 내라고 뽑아 준 것이 아니다. 순간적인 나의 착각을 바로잡고 오직 국회의원의 본분인 국민이 원하는 국민을 위한 일에 열정을 쏟기로 마음을 돌리고 열심히 일했다. 다만 조조다 선생님을 생각하며 '그때 제발 명찰만은 떼지 마시라고 울부짖던 그날의 제 가슴속 탄성을 못 들으셨나요?' 질문을 던지다가 아니다. 과거 나와 같이 월납금을 못 내어 학교에서 쫓겨나는 학생이 없어야겠고 명찰을 떼는 선생이 없는 나라를 만드는 것이 바로 내가 할 일이라고 마음을 가다듬었다.

오만 가지 생각, 혼란 속에 대성중고등학교 총동창회에서 연락이 왔다. 개교기념일에 참석해 달라는 초청장이다. 그렇지 않아도 국회 일정이 없는 날 모교를 찾아간다는 게 차일피일 미루다가 마침 휴일에 개교기념일을 맞아 기념식 축사를 하게 되어 찾아갔다. 학교 측에서는 국회의원이니까 맨 앞 장일풍 이사장과 같은 대열에 앉으라고 안내를 했지만 나는 한사코 사양하고 뒷줄에 총동창회 고 정준교 회장과 같이 앉았다. 순서에 의해 장일풍 이사장의 축사가 이어졌다. 축사 중간쯤 유창하게 영어로 말씀하셨다. 내 축사 차례가 되어 단상에 올라 나도 얼떨결에 영어 한마디를 하고 싶었다. "방금 장일풍 이사장님께서 유창하게 영어로 말씀하셨는데 나도 한마디 영어를 해도 될까요?" 하니까 재학생과 동문들이 박수로 청해서 강연할 때 가끔 쓰던 미국 카터 대통령이 당선되었을 때 당선된 비결이 뭐냐고 묻는 기자들 질문에 답한 일화를 소개했다. 카터가 해군 장교로 근무할 때 친구들이 운동장에서 럭비를 즐기고 있었다. 그러나 카터는 해군 함정 갑판을 열심히 닦고 있었는데 지휘관이 왔다. 이를 지켜본 지휘관은 열심히 일하고 있는 모습을 보고 당연히 칭찬할 줄 알았는데 칭찬은 고사하고, "Why did you not do your best(귀관은 왜 최선을 다하지 않는가)?"라고 꾸짖었다 한다. 카터는

'뭐 저런 지휘관이 있어?' 하고 화도 났지만, 한편으로는 '저 지휘관 보기에는 내가 최선을 다하지 않는 것으로 보였구나.' 하고 생각을 바꾸어 더욱더 열심히 일했다고 한다.

그 후 지휘관은 카터를 불러 당신의 성실성을 보고 좀 더 강하고 훌륭하게 큰 인물로 키워야겠다는 생각에 자극을 주기 위해 그렇게 말했노라고 설명했다 한다.

더 강하게 키운 지휘관이나, 생각을 바꾼 카터, 오늘날 미국 39대 대통령직에 오르게 된 당선 비결이라고 답했다는 두 사람의 훌륭한 모습을 소개하였더니 우레 같은 박수로 내 축사를 환호해 주었다.

그 기분도 잠시, 갑자기 나의 고교 생활은 처절한 추억으로 점철되어 있다는 기억이 되살아났다. 월납금이 밀려 학교에서 쫓겨나는 일이며, 시내 중심가에서 선생님이 명찰을 떼었던 일이며 그런 일들을 생각하면 마음이 복잡해지고 우울해졌다.

더구나 내 명찰을 잡아떼며 "너는 대성고등학교 학생이 아니야." 말씀하신 선생님이 이 학교 교상선생님이 되었고 나는 국회의원이 되어 수십 년 만에 처음 만나게 되니 더욱 마음이 편할 리가 없다. 나는 생각했다. '그때 저 담임선생님이 명찰만은 떼지 않았더라면.' 아쉬움으로 또 한 번 가슴이 미어졌다.

나는 기념식이 끝나고 교무실을 찾아 쓰라렸던 추억들을 되돌아보며 한 많은 억울함과 복수심으로 가득 찼던 모든 일을 이제는 다 지우고 싶었다. 선생님의 안내로 이곳저곳을 구경하다가 울컥 가슴이 북받쳐 눈물이 앞을 가리고 콧물이 나고 감정을 억누를 수 없었다. 나는 얼른 손수건을 꺼내어 태연한 척 눈물을 닦고 서무과 선생님에게 정중히 부탁을 했다. 어렵겠지만 몹시 궁금한 게 있는데 내가 몇 번이나 정학, 제적을 받았는지 보여 줄 수 있겠느냐고 하니까 매우 난처한 듯 어물어물하더니 저쪽에 서 있던 또 다른 선생님과 한참 이야기를 나누고 나서야 내 생활기록부를 가져다 보여 주었다. 참으로 눈 뜨고 볼 수 없었다. 자그마치 다섯 번이나 월납금을 못 내어 정학이나 퇴학으로 쫓겨난 기록으로 칸이 모자라 첨부 메모지 몇 장이 더덕더덕 붙어 있었다. 이를 본 나는 참았던 울음을 순간적으로 터트리고 말았다. 갑자기 주위 사람들도 숙연해졌다. 나는 얼른 분위기를 바꾸어야 했다. "자, 자, 미안합니다. 우리 얼른 운동장으로 나가서 체육대회 응원합시다."

나는 오늘 나의 모교에서 내 생활기록부를 본 것으로 이제 지난날의 참담하고 서러웠던 고통과 미워했던 원한 모두 마음에서 내려놓기로 했다. 이렇게 피나는 고통들이, '나는 꼭 성공하고 말겠다.'라는 결심으로 이어져 오늘날 국민의 어려움을 찾아 정책으로 이끌 수 있는 국회의원으로 만들지 않았나 싶었다. 이것은 충분한 보상이며 남은 내 삶도 힘든 분들 곁에서 응원하는 보람의 나날로 메워 가기로 다짐하며 가벼운 마음으로 모교의 문을 나섰다.

마음을 이렇게 달랠 수 있는 원동력 또한 모진 고난을 겪은 덕이라 생각하니 젊어서 고생은 사서도 할 일이라는 옛말이 새삼 옳다고 고개가 끄덕여지며 그저 동문 모두에게 '고맙습니다.'를 소리 없이 되뇌었다.

이때 나는 교문을 나서면서 또 한 번 천신만고 끝에 얻은 내 위치, 내 모습을 결과물이라 생각하고 감사하는 마음을 감추지 못한 채 흘러내리는 눈물을 닦으며 원주 시내를 바라보았다.

남대문시장 원 주임이 금배지

 나는 앞서 공천장에서 소개한 바와 같이 내로라하는 거물급 경쟁 후보를 물리치고 공천(조직책)장을 받게 됐다는 소식에 벅찬 가슴으로 밤을 새우고 새벽 일찍 시내 가판대에서 신문을 구입하여 조직책(공천)을 발표한 명단을 확인했다.
 이 신문을 들고 너무 기뻐서 제일 먼저 단숨에 통의동 김모묵 회장님 댁을 찾아갔다. 응접실에 앉아 회장님이 일어나실 때까지 기다렸다. 회장님이 나오셨다.
 "왜 이리 일찍 왔느냐? 무슨 일이 있느냐?" 물으시면서 의자에 앉으셨다.
 "저 이번 국회의원 선거에 원주 후보로 조직책(공천) 신청을 했는데 다행히 선정되었습니다" 하고는 신문을 내보이자 놀란 표정으로 "그래, 어떻게 소문 없이 했느냐?"라며 무척 의아해하시면서도 반가워하셨다. 누구보다 평소에 회장님도 간간이 정치에 깊은 관심이 있어 나에게 자주

묻곤 했다. 그뿐만 아니라 이종찬 의원 등 정치인들을 많이 알고 계셔서 국회의원을 이해하고 계셨던 터라 더욱 반가워하셨다. 내게 학비를 대준 분이셨으니 남다른 보람을 느끼셨을 것이다. 사실 내가 받은 고마움을 생각한다면 국회의원의 꿈을 포기하고 빚을 진 마음으로 회장님을 끝까지 모셔야 함에도 꿈을 포기하지 못하고 욕심을 부리는 건 몹시도 마음이 편치 않은 일이다. 잠시 서먹해져서 더 이상 머물 수 없어 일어났다. 대문을 나서려는데 순간 김버수 부사장이 신문을 들고 황급히 들어오고 있었다. 나는 목례만 하고 얼른 빠져나왔다. 그길로 남대문시장으로 돌아와 상가 한 바퀴를 돌아본 후 싸구려 국밥 한 그릇을 사 먹고 평소와 다름없이 출근했다.

아침 회의가 열렸다. 먼저 김버수 부사장이 말을 꺼냈다.

"원 주임, 원 주임은 이렇게 조직책을 맡을 정도로 준비하면서 어떻게 우리에게 한마디 상의 보고 없이 진행했습니까?"라며 문책하듯 따지는 것이었다. 나는 하도 기가 막혀 아무런 대꾸도 안 하고 입을 꾹 다물고 있다가 "죄송합니다." 한마디 하고는 나왔다. '아니, 내가 문책을 당할 게 뭐고 죄송할 게 무엇인가? 못난 사람, 두고 보라. 반드시 당선되어 금배지 달고 오겠다.' 나는 단단히 결심했다.

사실은 이런 일이 있을까 봐 그간 남다른 고생을 이중 삼중으로 했다. 나는 당시 의정부에서도 한참 들어가는 양주군 광적면 가래비라는 곳에서 새벽 5시 버스를 타고 의정부에 와서 또 종로 5가로 버스를 타고 와 다시 남대문시장에 와야 하는 꽤나 불편하고 먼 거리임에도 눈이 오나 비가 오나 결근 한번 없이 출퇴근을 하는 입장이었다. 거기다 아침 일찍 남대문시장 골목을 대나무 빗자루로 청소도 하고 아침은 싸구려 식당에서 대충 때우고 출근하는 부지런하고도 특출한 사원이었다.

더구나 공천 신청 3개월 전부터 내 임무는 수금 사원으로 하루 업무 일을 더 부지런히 하여 오전 일과를 마치고 여직원에게만 살짝 말하고 강남 고속버스 터미널에서 원주행 고속버스를 타고 가서 선거 운동을 하다가 오후 6시경 퇴근 시간을 맞춰 다시 회사로 돌아와 퇴근한다는 얼굴 도장을 찍고 다시 원주로 내려가 유권자 한 사람이라도 더 손잡고 선거 운동을 하는 반복된 생활을 해 왔다.

지금 생각하면 어떻게 그렇게 했을까? 나 자신도 의아할 정도다. 남모르는 고통을 이겨 내 온 결과의 산물이라고 생각하고 이달 말 날짜로 퇴사한다는 사직서를 내고 인수인계 준비에 바빴다. 나는 이를 악물고 지역구 활동에 몸을 던져 당당하게 당선되었다. 나는 당선되자마자 제일 먼저 남대문시장을 찾아가고 싶었으나 아직 국회의원 등록도 안 했고, 자랑할 금배지도 안 달은 채 개원도 안 해서 꾹 참았다. 등원 후 배지를 달고 나의 제2 오뚝이 삶의 터전, 원 주임에서 국회의원 신분으로 옷을 갈아입고 남대문시장을 찾았다. 양옆에 비서진을 데리고 제일 먼저 새마을 상가를 당당하게 찾았다. 상가를 돌며 인사하니 여기저기서 아우성이다.

이어 원아동복 상가로 내려가니 매점 주인도, 판매원도 거의 여성들로 소리가 요란했다.

"원광호!"

"원광호!" 연호 박수가 그칠 줄 모르고 극성팬들은 졸졸 골목을 따라다니며 축하해 주었다. 그때 그 기분을 어찌 표현하랴. 얼마 전까지 원 주임이라고 부르며 농담하고 친하게 어울렸던 분들이 이제는 "국회의원님이시다! 원광호 국회의원님!"이라고 부르다가 "난 원 주임이라 부를 거야." 농담도 하면서 저토록 기뻐하다니 그래! 그래도 내가 이분들에게는 밉상은 아니었나 보다.

왁자지껄 도떼기시장, 사람 냄새 풍기는 시장, 남대문시장 사람들, 이들은 소박하고 인정 많고 고마운 분들로 기억한다.

한편 건너편 근무했던 대한전선 빌딩을 바라보고 푸념했다. 내가 당신 때문에 얼마나 고생했는지도 모르고 잘해 보라고 격려 한마디나 응원은커녕 질책만 하는 김버수 부사장의 모습이 떠올랐다. 매우 서운한 마음에 혼자 푸념하며 마음을 달랬다. 옛 추억을 뒤로하고 "남대문시장 출신 원 주임, 원광호는 국회로 갑니다. 고맙습니다. 여러분이 이렇게 응원해 주시니 더욱 나라를 위해 열심히 일하고 그동안 보아 온 당신들의 애환을 담아 국정에 꼭 반영하겠노라고 다짐도 합니다. 열심히 하겠습니다."

이렇게 신고를 마감하고 다시 한번 남대문시장을 바라보며 자리를 떠났다.

제 9 장

따듯한 가슴

따듯한 가슴, 정주영

　1995년 2월 3일, 정주영 회장님께서 원주 한라대학교 준공식에 오신 다는 통보를 받았다. 대통령 선거에서 낙선한 분위기에 침통함이 가시지 않은 상태에서 만나 뵙는다는 것은 여간 괴로운 일이 아니다. 그러나 내 지역구 원주에 오신다는데 안 나갈 수는 없는 일이다.

　나는 서둘러 원주시 흥업면에 있는 한라대학교를 찾아갔다. 가 보니 원주 기관장 유지만 온 게 아니다. 신경식 장관을 비롯한 중앙 인사들은 물론 내 앞으로 줄을 선 강원도 이상용 도지사, 1군사령관 등 지방 인사, 유지들이 많이 보였다. 인사 차례를 기다리고 있었다. 그런데 비서진에서 나를 보고 회장님이 찾으신다고 해 서둘러 정주영 회장님을 뵈었다. 회장님은 한참 동안 아무 말씀 없이 내 손을 잡으셨다. "이봐, 이리 앉아. 나하고 얘기 좀 해."라고 하셨다. 나는 눈물을 참을 수가 없었다. "아니, 저하고는 이따가 말씀하시고 인사받으세요."라고 했더니 "뭐 인사. 그딴 거 필요 없어." 하시고 뿌리치신다. 나는 얼른 분위기를 바꾸어 "오늘 많은 사람이 왔습니다. 여기는 강원도 이상용 도지사예요." 하고 소개해 드리자 "이봐, 이리 앉아. 나하고 얘기해." 하신다. 뭔가 하실 말씀이 많으신 것 같았다.

준공식을 마치고 만찬 자리로 옮겼다. 주최 측이 준비한 계획에는 내가 모시기로 되어 있지 않았다. 평소 여러 번 현대 행사에 참석했을 때 봐서 한 치의 오차 없이 모시는 것을 알고 있었다. 헬기에서 내리시면 맨 먼저 누가 자동차까지 모실지, 또 자동차에서 내리시면 누가 모시고 이동할지, 그리고 만찬 자리 옆에는 누가 앉는지 모두 철저히 계획되어 있어 그에 따라 움직이는 것을 잘 알고 있기 때문에 선뜻 옆으로 간다든지, 같이 선다든지, 앉는다든지 함부로 해서는 안 된다는 것을 경험으로 알고 있었다. 더구나 내가 이번 행사에서 계획된 역할이나 위치 등 통보나 상의해 온 바가 없었다. 그 때문에 어떤 자리도 오해받기 싫어서 떨어지려 애썼으나 정 회장님은 굳이 내 손을 잡고 놓지 않으시려고 했다.

동상 제막식에서 힌 천을 벗기려 줄을 잡고 설 때도 나를 옆으로 세우고, 만찬장 자리에도 나를 옆에 앉히셨다.

정 회장님은 한쪽을 손으로 가리키시며 나에게 물으셨다. "저기 저 사람 왜 왔어?" "회장님, 저분은 문고령 의원이에요." "누가 몰라? 아주 나쁜 사람이야." 내쫓으라 한다. "예." 하고 나는 놀랐다. 몰랐던 사실이다. 분명히 내가 모르는 깊은 마음의 상처가 있는 듯 느껴졌다. 더 이상 묻지

정주영 회장님과 환담

않았다. 이제야 내게 떨어지지 않고 내 손을 잡고 꼭 무언가 털어놓으려는 심정을 눈치챘다.

　장소를 옮기면서도 손을 놓지 않는가 하면 걸으시면서도 뭔가 하실 말씀이 많아 보였다. 나는 말했다. "다른 거는 나중이고요."

귓속말로 주신 말씀

"이명규 실장 문제를 서둘러 주세요."

"알았어, 곧 해결되어서 나와. 나한테 할 말이 그것뿐이야?"

"네, 제 개인적으로는 드릴 말씀이 없는데요."

"이런 숙맥 같으니. 자네 거 가져가. 내가 언제 죽을지 몰라. 죽기 전에 가져가."

"네, 알았어요."

"알긴 뭘 알어? 나하고 서울 같이 가."

"네." 하고 대답은 했으나 이제 그만 회장님과 작별 인사를 하려 다가서자 말씀하셨다.

"이봐, 내 손, 잡아. 나하고 같이 둔내 스키장 갔다가 서울로 같이 가."

"둔내도 가시게요?"

"그럼."

"힘들지 않으시겠어요?"

"끄떡없어, 괜찮아. 나 둔내 가 보고 싶어."

"알겠습니다. 그럼 저는 제 차로 가겠습니다."

"아니야, 내 차 타."

"탈 데가 없잖아요."

"왜 없어?" 당시 앞자리는 비서실장 대행 격으로 이영원 실장 자리였다.

"비서실장은 어떻게 하고요?"

"차가 없어? 다른 차 타고 오라 해."

"제가요, 바로 뒤따라가겠습니다." 하고 나는 둔내로 출발했다.

나는 차 안에서 곰곰이 생각했다. 지금껏 몰랐던 정주영 회장님의 인간 냄새, 진정한 정이 흐르는 따뜻함을 느꼈다. 순수하고 꾸밈없고 소탈하고 진솔하며 잔정이 많은 분이라는 것을 뒤늦게 알아본 것이다. 나는 진한 감동을 느끼며 한편으로 죄송한 마음이 들었다. 잠시 잡념으로 흘렸던 눈물을 닦고 둔내 성우리조트에 도착하여 개장 행사장으로 향했다. 정 회장님 뒤에 앉았다. 옆으로 오라 하시는 것을 간신히 뒤에 앉았다. 조금 있으려니까 정상영 회장이 코트를 벗어 들고 와, 형님 무릎을 덮어 드리라고 했다. 직접 덮어 드리라고 했더니 나보고 하란다. "알았어요."

"이거 상영이 형이 덮어 드리라는 겁니다." 하며 덮어 드렸다. 그날 날씨도 추운 데다가 높은 산이라 더 추웠다. 식이 끝났다. 정 회장님은,

"이봐, 내 손, 잡아."

"네." 대답하고 손을 잡고 나는 아래로 안내하려 했다. 그러자 회장님이 물으셨다.

"어디로 가려고? 왜 이리 가? 나 저기 꼭대기에 올라가려는데."

"네? 저기를 어떻게 가셔요?"

"아, 저거 있잖아."

"리프트 타시려고요?"

"그럼, 저거 타고 올라가서 내려다보고 싶어서 그래."

이거 큰일 났다. 나는 지금 원주 세종예식장 주례 시간이 다 되어 가

는데 저기를 올라가신다고 내 손을 안 놓으신다. 어쩔 수 없다. 나는 얼른 비서진을 불러 내가 지금 급한 볼일이 있어 원주로 가야 한다 말하고 회장님이 리프트 타고 올라가시겠다고 하니 잘 모시라고 했다. 내 말을 듣고는 비상이다. 누구도 저 위에 올라가신다고는 예측하지 못한 모양이다. 고도의 바람, 찬 공기가 걱정인 것이다. 아무튼 잘 모시라 하고는,

"회장님, 제가 화장실이 급해서…. 올라가세요."

"도망가는 거 아니지? 나하고 서울 꼭 같이 가야 돼."

"네, 알았어요." 그리고는 원주를 향해 출발했다.

그렇게 부지런히 도착했건만 이미 20분이 지나자 비상 대기 주례자 김재옥 전 대성고등학교 교장선생님이 나를 대신해 주례사를 하고 계셨다.

나는 그날 저녁 유난히도 괴로웠다. 회장님 걱정 때문이다. 뭔가 하실 말씀을 못 들어 드린 게 마음에 걸렸고 서울 같이 가자고 하신 말씀을 뿌리친 게 너무나도 가슴 아팠다 마음 같아서는 저 허전함을 채워 드리고 말벗도 해 드리고 친구도 되어 드리고 하고 싶은 얘기도 다 들어 드리고 홀가분하게 지내시길 바라는 마음이 간절한데 이 심정을 누가 알겠으며 당신이 원함을 누가 알겠는가? 별생각을 다 했지만 그렇게 할 수도 없는 것이다. 솔직히 말해 시간도, 같이 갈 환경도 아니지만, 그보다 가서는 안 되는 이유가 "자네 거 가져가."라는 말씀을 받아들일 수 없었기 때문이다. 그것은 분명히 내 것이 아니기 때문이다. 그것은 내가 만질 수 없

는 나에게는 거금이었기 때문이다.

　나는 그날 회장님의 따듯한 가슴을 다시 한번 느끼고 이 따듯한 가슴을 식지 않게 끌어안고 항상 느끼면서 간직하고 살리라고 다짐했다.

명함 뒤에 50억 받아

앞서 「따듯한 가슴, 정주영」 내용 중 "자네 거 가져가."라는 말에 대해 밝히자면 분명히 내 것이 아니요, 내용은 이렇다.

나는 국회의원에 당선되자마자 곧바로 정 회장님을 찾아뵙고 고맙다는 인사로 큰절을 올렸다.

"그래, 잘했어. 이제 나를 도와줘."

"네? 제가요? 제가 어떻게 회장님을 도울 일이 있어요."

"아~ 거 대통령 말이야."

"네? 대통령이요? 안 돼요."

"뭐? 안 된다구?" 화가 나신 표정이다. "내가 왜 안 돼?"

"아, 글쎄, 안 됩니다."

"그래, 내가 왜 안 된단 말이야? 현대 가족만 해도 되고도 남아." 나는 더 이상 답할 수가 없었다. 옥신각신하다가 더 이상 대화를 할 수 없어 나왔다. 대체 어느 누가 당선된다는 허무맹랑한 바람을 불어넣어 회장님을 들뜨게 했는지 그들에게 용서할 수 없는 분노를 느꼈다.

당연히 연세가 높으신 어른을 진정으로 존경하고 받들어 모시는 마음이 조금이라도 있다면 말리어야 하거늘 당선되고도 남는다, 자신 있다, 헛바람, 근거 없는 여론 통계로 현혹시키고 있다는 것이 나는 못마땅했다.

이 와중에 대통령 선거가 본격적으로 시작됐다. 한번은 이명규 비서실장으로부터 회장님께서 찾으신다는 연락을 받고 자택으로 찾아갔다.

대문을 들어서자 바위와 물이 인상적인데, 재물은 고이나 왕의 자리는 안 보인다는 느낌을 강하게 받았다. 여기서 잠깐 짚고 넘어가야 할 부분이 있다. 앞서 뜬금없이 재물, 왕 자리를 거론하니까 어떤 미신이나 풍수설인가? 이상하게 오해할 것 같아서 명백히 하고자 한다. 나는 풍수는 조금 공부했으나 무조건 맹신은 아니며, 다만 과학적으로 증명할 수 있는 부분은 철저히 믿고 말할 수 있다.

2층으로 올라갔다. 반갑게 맞이해 주셨다.

"다른 사람들은 냉수 먹고 속 차리는데 원 의원은 냉수 가지고 안 되니 냉면을 먹자."라고 권하셨다.

"네, 좋습니다."

"원 의원은 선거 때 돈 가져가라 해도 안 가져가는 사람이지? 그래, 빚 많이 졌지?"

"네? 빚이라니요? 창당 준비부터 선거 치르는 데 인쇄부터 모든 홍보

물을 중앙에서 다 해 주셨고 자동차에 현대 가족 동원, 무엇 하나 부족함 없이 잘 치렀는데 무슨 돈이 더 필요하고 빚을 져요. 그저 회장님께 감사하기만 합니다."

이렇게 이 얘기 저 얘기를 하다가 갑자기 일어나시더니 뒤에 있는 뒤주 같은 오래된 궤짝 속에서 신문 뭉치를 꺼내어 내가 들고 간 검은 서류 가방에 넣으려 하셨다.

"이게 뭐예~유?"

"어~ 이거, 이거 가지고 빚진 것 갚고 써."

"회장님, 저 빚진 것 없고요. 오히려 당선되니까 친구들이 전세라도 얻으라고 모금해 왔어요."

"어~ 집이 없구나."

"네."

"그래, 내가 아파트 하나 주지. 원주에 아파트 짓는 거 있지?"

"네, 행구동에 짓고 있습니다." 정 회장님은 바로 전화기를 들고 지시했다.

"서울은 집이 있어?"

"없습니다."

"어~ 그래, 서울에도 한 채 주지." 다시 서울에도 한 채 주라고 지시하셨다.

"그럼 이 돈은 안 가져가도 되지요?"

"아니야, 집은 집이고 이건 갖다가 필요할 때 써."

"이거 가져가 쓰다간 큰일 납니다. 거지가 갑자기 돈이 생기면 사고가 나게 마련이고, 그리고 저는 수표를 바꿔 쓸 줄을 모릅니다. 그러니 여기 보관해 주셨다가 필요할 적마다 달라면 주세요."

"그래, 그럼 그렇게 하지." 어느덧 점심시간이 되어 냉면이 올라왔다. 냉면이 맛있는 데다가 양이 적어 한 그릇을 더 먹었다. 얘기는 계속 이어진다.

"그래, 날 좀 도와줘. 내가 아무리 당선 자신이 있어도 강원도에서 표가 많이 나와야 해. 비록 내 고향은 강원도 통천으로 이북이지만 그래도 강원도 아닌가. 나는 강원도에 특별히 애정을 갖고 있어."

"물론이지요. 강원도 도민회장도 하셨고 금강장학회며 강원은행 설립 등등 강원도를 위해 애써 주신 것 잘 알고 있습니다."

"그래, 고마워. 그런데 강원도는 춘천보다 원주가 인구가 더 많다며."

"네."

"그런데 원주 국회의원이 안 도와주면 어떻게 해." 한참 고민 끝에 말씀드렸다.

"대통령 선거에 뼈가 부서지도록 열심히 해서 전국에서 1등 하여 회장님께 입은 빚을 갚겠습니다."

"뼈가 부서지면 안 되니까 안 부서지게 해." 처음으로 둘이 호탕하게 웃어 봤다.

"그런데 회장님, 조건이 있습니다. 저는 최선을 다해 1등 하려 하지만 당선은 매우 힘듭니다."

"어~ 참, 왜 그따우 소리를 해?"

"아무튼 좋습니다. 저는 회장님이 당선되든 떨어지든 전국에서 1등 하면 회장님 빚은 다 갚는 겁니다."

"그래, 원 의원만 도와주면 돼."

"명심하겠습니다." 회장님과 나는 그렇게 해서 그동안 껄끄러웠던 것을 말끔히 정리하고 대통령 선거에 몸을 던졌다. 물론 아파트를 주신다는 것도, 보관한 돈뭉치도 내 것이 아니기에 한 치의 욕심도, 아쉬움도, 받을 수도, 가질 수도 없는 무형으로 생각하고 단지 회장님 마음을 편하게 해 드리기 위한 모면이었다.

이뿐이 아니다. 대통령 선거운동에 한창 열정을 쏟을 때 일이다. 욕심 많은 고 문고령 영감이 회장님이 베풀어 준 은혜의 감사함을 모르고 내가 원주 대선 책임자로 돈이나 엄청나게 받아 와 자기는 안 주고 독식한다고 갖은 모략에 훼방을 놔 응급조치로 오해가 없기 위해 회장님을 직접 원주로 모시게 되었다. 급조된 일이라 초를 다투어 진행했다

자동차로는 시간상 불가하여 헬리콥터 이동으로 선택, 부리나케 1군 사령부와 공군 비행대에 긴급 이착륙 허가를 받아 원주에 오셨다.

원주 시내 한성관 식당에 주요 당직자 50여 명을 불러 놓고 대선 후보로서 원주 지역 발전을 위해 치악산 케이블카를 세워 달라고 정식 건의하여 즉석에서 직접 확답, 말씀해 주셨다. 참석자들은 환호하며 감사

정주영 회장님을 한성관에 모시고

의 박수를 쳤고 나는 약속 증표로 회장님의 명함 뒤에 '50억'이라고만 적어 받아 이를 공개하고 부위원장인 김재옥 전 교장선생님께 드리고 케이블카 공약 증표니 잘 보관하시라고 했다. 그 후 선거 결과 원주에서는 많은 득표로 내 몫을 다했지만, 결과는 낙선으로 패하고 말았다.

그런데 선거가 끝나고 세월이 지나도 원광호가 정 회장한테서 50억을 받았다느니, 아파트를 받았다느니, 돈뭉치를 받았다느니 소문이 무성했다. 나는 일고의 가치도 없는 일로 무시하고 말았다. 낙선하고 나면 으레 말이 많게 마련으로 정 회장님을 말하는 사람 중에는 "무식하다, 정이 없다."라는 등 별소리를 다 하지만 내가 본 정주영 회장님은 그 누구보다 많이 아시고 유식한 분이었다. 숨김없고, 꾸밈이 없고, 자상한 아버지상이었다. 다만 겉으로 표현하는 방법부터 특이하고, 어리숙하게 생각 없는 말씀과 행동으로 보일지 모르지만 그것은 진정한 내면을 볼 줄 모르는 오해다. 그 깊은 인간 냄새며, 따듯한 정을 느껴 보지 못하고 헛소리만 가볍게 내뱉는 사람들의 속 좁은 마음에서 나오는 입놀림이라 생각한다.

요즘처럼 나라가 어수선하고 경제가 흔들리고 어렵다고들 하는 때면 더욱 그분이 그리워진다고 주변 사람들은 말한다. 나는 오늘도 모 대학 초청으로 정주영 회장님의 '도전 정신'에 관해 강연하러 출발을 서두르고 있다.

이분의 뜻을 기리기 위한 기념사업 활동을 하고 있기 때문이다.

정주영 회장님을 그리며

나는 어릴 적부터 아버지로부터 "누구한테 밥 한 끼라도 얻어먹었으면 꼭 갚아야 한다."라고 밥상머리 교육 등 누누이 교육을 받아 왔다. 때문에 나는 누구에게 조그마한 도움을 받았으면 항상 고맙게 생각하고 응분의 대접을 하려고 애썼다.

앞에서도 설명했지만 공천을 받으러 갈 때 당시 210원짜리 토큰 가지고 버스를 타고 서대문 당사에 가서 정주영 회장님으로부터 조직책(일명 공천장) 임명장과 거금을 받고 너무나도 고맙고 감격스러워 화장실에서 울었던 감정부터 선거 기간에 인쇄물, 물품, 현대 지원단 등 은혜를 입었는데 어찌 잊을 수가 있겠는가?

정주영 회장님은 내 평생 갚아야 할 빚을 진 사람으로서 그리워하며 추모하는 입장이다. 때문에 이분을 추모하고 기리는 기념사업회를 만드는 데 나서는 것은 너무나도 당연한 일이다.

나는 이 모임을 주선하기 위해 가장 먼저 가깝고 은혜를 많이 입은 통일국민당 출신, 다시 말해 정주영 회장의 지원을 받아 당선된 의원들에게 권유하면 발 벗고 나설 것으로 기대하고 한 사람 한 사람을 만나 취지를 말했다. 그러나 기대와는 달리 누구라고는 밝힐 수 없으나 짐작할 만한 모 의원이 나보고 하는 첫마디가 "이봐, 정몽준이가 돈 좀 내놓는대?"라고 묻는다.

"정몽준 의원이 돈을 왜 내놔요? 설사 내놓는다 한들 그 돈을 받아 써요? 말도 안 돼."라고 대꾸하고 화가 치밀었다. 나는 같은 당 소속 의원들이 같은 마음으로 기념사업에 동참해 줄 거라고 생각했지만 의외였다. 찬성은커녕 반대도 있고 반응이 달갑지 않았다. 매우 실망스러웠다. 그래도 용기를 내어 이번에는 당 살림을 맡았던 모 의원에게 말을 건넸다. 첫마디가 더욱 가관이다. "이봐, 원 의원. 아서요." 하고 말린다.

어허, 이것 봐라? 왜 이럴까? 분명 내가 모르는 뭐가 있나? 궁금하고 고민이 생긴다. 어떻게 이럴 수가 있을까. 문제는 더욱 심각해진다. 아무리 생각해도 문제점을 찾지 못했다. 그럼 방향을 바꿔 보자. 통일국민당 출신이 아닌 분들에게 설명해 보자. 통일국민당 출신을 제외하고 정주영 회장 도움과는 무관한 의원들을 만나 보자고 생각을 바꾸고 아산 정주영 회장님에 대한 감사함과 추모 정신을 설명하며 기념사업회를 만들려 한다고 조심스럽게 입을 열고 설명하니 반응이 좋았다.

"좋은 생각이다. 나도 동참하겠다." 하고 선뜻 호응해 주셨다.

그중 우리나라 정치에 큰 획을 그은 국회부의장 출신에 5선 의원을 지낸 김봉호 의원이 적극적으로 나서 주셨다.

"이분이야말로 통일국민당 당선 의원들부터 여러 정치인을 도왔고 더 나아가 국민들을 먹여 살리는 데 큰 도움을 주신 어른인데 당연히 기념사업회가 있어야 된다."라고 힘주어 말씀해 주셨다.

나는 이분의 말씀을 듣고 용기를 얻어 사회 각계각층 인사들을 만났고 다들 동참하겠다고 했다. 한 사람 한 사람 만나는 숫자를 늘려 가며 기념사업회 창립 목적과 필연성을 설명하고 동조자를 확산해 나갔다. 직접 만나기도 하고 전화로도 허락받고 공석, 사석에서도 설명했다. 결국 이렇게 모은 명단을 정리해 보니 154명이 되었다. 나는 자신 있게 창립총회준비위원회를 결성하고 창립총회 날짜는 2015년 8월 11일, 장소는 여의도 외백(중식 식당)으로 정하고 초청장을 발송했다.

그런데 문제가 생겼다. 회장을 누구로 할 거냐는 질문이다. 그것도 한두 사람 질문이 아니다. 관심에 너무 반갑고 고마웠으나 또 한편으로는 걱정되기 시작했다. 행여 괜히 엉뚱한 생각에 정 회장님의 명예를 더럽히는 일이 생기면 어쩌나 염려도 되었다.

어떤 이는 전 아무개 총리를 회장으로 모시자고 권하는가 하면 본인이 하겠다는 분도 생겼다. 나는 전 총리가 받아들이지 않을 것이며 또한 스스로 하겠다는 분도 과거 정치적으로 불편했던 분으로 적합지 않음을 알았다.

이제부터는 회장감을 모시는 데 신경 써야 할 판이다. 나의 지도자 김봉호 부의장님께 전화를 걸었다. 어디 계신지 뵙고 싶습니다. "식구들하고 모처럼 강원도 용평에 와 있어요."라며 "오늘 왔으니까 며칠 있다 갈 거요."라고 하신다. 내가 급하고 난처한 목소리로 "지금 큰일 났습니다." 말하자 "아, 뭔데 그래요? 찬찬히 전화로 말해요." 나는 자초지종을 말했다.

"내일 창립총회를 한다고 초청장도 보내 드렸고 말씀도 드렸는데 용평 가 계시면 어떻게 해요?"

"아, 나야 원광호 하는 일에 적극적이고 또 정주영 회장을 기리는 기념사업회 한다는데 이유 없다고 했잖아요. 내가 옆에서 도와줄 게 걱정 말아요."

"아, 참, 그게 아니고요." 한참 머뭇머뭇하다 말씀드렸다.

"지금 회장 하려고 두 사람이 경합이 붙었어요."

"아, 그래요? 그것 좋은 일 아니에요? 잘됐네요. 그런 거물분들이 서로 하겠다면 좋은 징조 아닙니까?"

"아이참, 제 생각은 다릅니다. 아무개가 개입한다면 분명 문제가 될 수 있습니다." 한참 듣고 있던 어른은 말씀하셨다.

"듣고 보니 그럴 가능성도 있네요. 그럼 내가 어떻게 할까요?"

"무조건 올라오셔야 돼요. 올라오셔서 내일 회의를 진행할 임시의장을 맡아 주셔야 합니다." "어, 참, 내가 오늘 모처럼 오랜만에 가족과 함께 쉬러 왔다고 했잖아요."

"물론 압니다. 그렇지만 매우 중요합니다. 올라와 주세요."

"내가 오늘 저녁 올라가긴 올라가도 임시의장은 다른 사람 시키시오."

"아니에요. 의장님이 해 주셔야 돼요." "아무튼 내일 한 시간 전 근처 커피숍에서 뵙기로 하고 끊습니다." 하고 통화를 마쳤다. 한편으로는 마음이 놓이고 또 한편으로는 걱정이 늘어났다.

이튿날 일찍 여의도 외백 식당 부근 커피숍에 자리를 잡고 기다렸다. 시간은 가까워져 오고 이제 한분 두분 회의장인 외백으로 들어가고 있다. 그러나 정작 내가 기다리는 김봉호 부의장님은 안 보인다. 나는 조바심으로 전화를 걸었다.

"나요. 내 지금 외백 정문 앞에 도착했어요." 황급히 외백 정문 쪽으로 돌아가면서 "의장님, 여기요!" 손짓하며 모시고 모퉁이 커피숍에서 설명해 드렸다.

"알았어요. 걱정하지 말아요. 내가 임시의장을 맡겠소. 그리고 내가 알아서 하겠어요." 하고 내 어깨를 툭 치시며 회의장으로 같이 올라갔다.

회의장에는 벌써 화환 두 개가 와 있다. 사전에 초청장에 고지한 바 있다. "축하 화환을 정중히 사양하고 뜻만 받겠습니다."라고. 이 두 개 화환 중 하나는 신경식 대한민국헌정회장, 또 하나는 정태익 한국외교협회장이 보낸 것으로 사전 협의가 된 것이다.

어떻게 알았는지 현대 쪽에서도 화환 이야기가 전달 왔으나 나는 단호하게 화환은 물론 현대 이름이 붙은 사람은 얼씬도 하지 말라 했다. 이유는 너무나도 당연하다. 마치 현대 쪽에서 돈이나 대 줘서 시작하는 것으로 오해받기 싫고, 특히 정몽준 의원 관련으로 오해받고 신문에 이상하게 비추어질까 우려되어서다.

회의장은 좌석을 꽉 메우고 못 들어온 분들은 옆방에 비상 자리를 마련토록 하고 회의는 시작되었다. 김봉호 임시의장님은 노련하게 회의를 진행하셨다.

경륜과 경험은 정말 놀랍다. 그런데 더 큰 문제가 생겼다. 나를 회장으로 해야 한다는 역설이다. "이만한 열정과 정주영 회장과의 인연, 추진력, 진정성, 어느 모로 보나 원광호 창립추진위원장이 회장을 맡아야 맞다."라고 말해 모두가 이의 없이 박수를 친 것이다. 나는 얼떨떨했다. 당연히 나는 밑에서 심부름이나 착실히 해 가며 기념사업회를 목적대로 발전시키겠다는 다짐이 있었는데…. 하지만 신상 발언을 할 처지가 아니었다. 결코 다른 회장처럼 기쁘고 즐거운 일만은 아니기 때문에 더욱 걱정이다. 대번 떠오른 것이 현대와의 관계를 어떻게 풀어 갈 것인가? 또한 사업은 무엇을 어떻게 꾸리고 시행해 나갈 것인가? 모두 걱정이 앞선다. 하지만 어쩌겠는가? "알겠습니다. 열심히 하겠습니다."라고 가볍게 인사하고 그동안 계획했던 사업 내용을 차근히 설명하였다. 참석한 분들이 다들 잘되었다며 한마디씩 했다. 이렇게 해서 창립총회는 무사히 마쳤다.

이제 남은 일은 정주영 회장을 기리는 사업 전개만이 숙제로 남게 되었다.

아산 정주영 기념사업회 창립총회

제 **10** 장

한글 운동의
꿈과 실현

국회의원으로서 한글 운동

1) 명패 사건

1992년, 14대 국회의원에 당선되자마자, 제일 먼저 당선자 신분으로 국회 본회의장 중앙에 붙여 놓은 배지며 의원들의 명패 등을 한글로 사용할 것을 촉구하며 박준규 국회의장에게 청원서를 제출했다. 청원 내용은 "일반법률 6호에 대한민국 모든 공용문서는 한글로 쓴다."라는 법적 근거를 제시하며 법을 만드는 국회와 의원이 법을 어기고 한자를 쓰고 있다는 사실을 지적하고 이에 대한 개선을 요청한 것이다. 한글학회를 비롯한 한글문화단체모두모임 회원들의 뜻을 모아 강력히 항의하고 청원서를 낸 것이다. 물론 그전에도 수차 한글 관계자들이 청원을 냈으나 번번이 묵살당하고 말았다. 하지만 나는 달랐다. 한글 학자요, 한글 운동가로서 몸에 밴 행동파가 처음 국회의원이 되었기 때문이다. 우선 나부터 실행해야 했다.

1992년 5월 3일, 국회 첫 등원을 하자마자 제일 먼저 의원회관 사무실에 들어가는 순간 출입문의 문패가 거슬렸다. '元光鎬 議員'이라고 한자로 된 문패가 붙어 있었기 때문이다. 즉시 떼어 쓰레기통에 버리고 간판 집에서 한글로 크기와 색을 맞춰서 주문하여 강력 접착제로 단단히 붙였다. 299명 의원 중 내 방 문패만 처음 한글로 붙인 것이다. 다음은 왼쪽 가슴의 소위 말하는 '國(국)'자 금배지를 나만 한글로 만들어 나 홀로 달고 다녔다. 우선 동료 의원들 시선이 곱지 않았고 심지어 국회에 출입할 때 경호원들은 낯선 인물의 배지를 보고 당황하며 헷갈려 인사를 할까 말까 망설이고 있어 그들에게 내가 먼저 가볍게 웃으며 인사했다.

또한 국회 본회의장을 처음 들어가 보니 그렇게도 청원, 간청까지 하였으나 무시당하고 여지없이 내 자리에 '元光鎬'라고 명패가 붙어 있었다. 나는 명패를 보는 순간 떼어 내고 역시 간판 집에서 한글로 같은 크기와 같은 색으로 '원광호'라고 한글 명패를 만들어 와 붙였다. 그러나 다음 날 가 보니 '원광호' 한글 명패는 없어지고 '元光鎬' 한자로 된 명패가 또다시 붙어 있었다. 국회사무처가 한자 명패를 다시 붙여 놓은 것이다. 다시 나는 한글로 된 '원광호'란 한글로 만든 명패를 주머니에 넣고 들어갔다가 회의가 끝나자 강력 접착제로 단단히 붙였다. 그러나 나오는 순간 강모구 의사국장이 와서 국회 관례와 운영 규칙상 위반이라며 떼려 하여 나는 "이 국회가 대한민국 국회냐? 중국 국회냐? 내 나라에서 내 나라 글자를 못 쓰게 하다니 참으로 한심스럽고 한탄스럽다." 성토하며 고성이 오고 갔다. 마침 나가려던 이해찬 의원이 이 소리를 듣고 들어

와 원 의원 주장이 맞다며 국장을 나무라서 수습되었다. 이해찬 의원에게 고마웠다.

명패 시비, 손에는 강력 접착제

이후에도 상임위원회와 감사장 등 가는 곳마다 마찰이 이어졌으나 끈질긴 고집으로 내 명패만은 어김없이 '원광호'라고 한글 명패가 홀로 붙어 있었다.

그 후 어렵게 청원심사소위원회(국회운영위원회)를 열어 한글 명패로 바꿔야 하는 당위성을 내가 소개의원으로 설명하였으며 이어 전문가로 서울대학교 이현복 교수가 타당성을 주장하였다. 이 운동은 지속적으로 전개되어 정식 항의단을 꾸렸고 역대 한글학자, 한글단체장 등 큰 일꾼들이 총동원되었다. 1993년 10월 4일 언론인 출신 문제안 한글문화단체 모두모임 사무총장, 박종국 세종대왕 기념사업회장, 김석득 연세대학교 부총장 겸 외솔회장, 허웅 한글학회장, 초대 문교부 장관을 지내신 안호상 한글문화단체모두모임 회장, 한갑수 한글재단 이사장, 나, 이현복 서울대 교수, 최기호 상명대학교 대학원장, 국회 사무총장을 지낸 이진우 전 의원이며 변호사, 김승곤 한글학회 부회장, 고운맘 스님, 한글 운동가이며 외솔회 사무총장인 오동춘 교수, 리대로 한국바른말연구원 사무총장, 차재경 세종대왕기념사업회 사무총장, 유운상 한글학회 사무국장, 이봉원 영화감독, 대성 동문 지지자, 이외 단체장 등과 특히 다양하고 애국심에 불타오르는 분들이 동원되어 국회를 방문했다.

이날 국회 앞에서 299명 모든 의원 명패를 한글로 제작하여 국회에 전달하려 하였으나 국회에서 거부하여 4년 내내 내 방에 뽀얀 먼지만 쌓인 채 차곡히 쌓여 있었다.

2) 46년 만에 국회 소집공고문 한글로 바꿔

그리고는 대표단 몇 분만 내가 안내하여 당시 이만섭 국회의장과 면담, 우리는 엄중히 항의하고 국회 소집공고문부터 한글로 쓸 것을 건의했다. 이후에도 기회가 있을 적마다 의장에게 집요하게 설득하고 간청했다. 이런 열정은 탄력을 받아 헌정 사상 제헌 이래 46년 만에 1994년 2월 12일 국회 소집공고문을 드디어 한글로 바꿔 붙이는 역사를 이룬 것이다.

이에 대한 언론 보도가 나온 날은 나와 더불어 그동안 애써 온 한글 관련 단체장과 회원 그리고 한글을 사랑하는 모든 국민의 마음을 흥분시킨 감동의 날이었다.

헌정 46년 만에 국회 소집공고문 한글로 바꿔

나는 이에 힘입어 국내 공공기관, 단체 등의 한자 간판을 한글로 바꾸도록 열정을 쏟아부었다. 제일 고집스러웠던 한국은행을 끝으로 공공기관 총 837곳의 한자 간판을 한글로 바꿔 놓았다.

뿐만 아니라 당시 해외에 나가 있는 재외 영·대사관 간판은 중국 대사관으로 착각하게 하는 한자, 그것도 두꺼운 놋쇠로 만들어 붙이고 있었는데 자그마치 142개에 달했다. 외무부와 해외 영·대사관에 일일이 전화하고 전송으로 확인하여 재촉한 끝에 모두 한글로 바꿔 달게 하였다.

해외 142개 영·대사관 간판 한글로 바꿔

이렇게 한글 운동의 열정은 식을 줄 모르고 활활 타올라 국회 본회의장, 상임위 명패, 국정 감사장, 가슴에 다는 배지까지 모두 유독 나만 한글로 바꿔 달고 몸부림친 것이 불씨가 되어 오늘날 국회 마크, 의원 배지, 명패 모두 한글로 바뀌게 되었다.

3) 외국 학자 초청 '한글의 우수성' 강연회

　나는 이미 의원이 되기 전 수십 년 동안 꾸준히 강연회를 열어 한글의 우수성을 강조하고 알리는 데 힘을 쏟아 왔다. 그중에서도 빼놓을 수 없는 자랑할 만한 강연은 역시 1990년 국내외 최초 외국학자 초청 강연회를 주최하여 외국학자를 불러 한글의 우수성을 직접 듣는 기회를 만든 것이다. 이는 큰 의미와 보람을 느꼈던 강연이었다. 그래서 기록을 옮겨 보았다.

세종문화회관에서 "외국학자가 본 한글의 우수성 강연"

1990년 10월 6일, 원광호 원장은 세종문화회관에서 한글날 544돌, 연구원 15돌 기념 '제10회 한글학술대강연회'를 열고 강연하였다.

사회로는 장동옥(중소기업진흥공단 사무국장)이 축사는 안호상 초대 문교부 장관과 서영훈 KBS 한국방송공사 사장, 격려사는 김창묵 동찬기업주식회사 회장이 하였다.

이날의 큰 주제는 외국 학자초청 '한글의 세계공용어 가치진단'으로 강사로는 미국학자가 본 한글(언더우드 원요한 연세대 부총장, 문학박사), 소련학자가 본 한글(마주르 교수, 소련모스크바대학), 한국학자가 본 한글(원광호, 한국바른말연구원장)을 강연하였다. 후원은 서울신문사와 강원일보사, 그리고 협찬은 동찬기업주식회사가 해 주었다.

이날 강연회의 특이한 것은 당시 공산권 소련 출신 학자의 국내 초청 강연은 처음이며 특히 김일성대학 출신이라는 점에서 초청, 섭외가 힘들고 특이했다. 그 후 더구나 국회의원이 되어 주최하니 더욱 빛나 강연회 규모도 환경도 대단했다.

1992년 10월 7일, 세종문화회관에서 한글날 546돌, 연구원 17돌, 기념 제12회 한글학술대 강연회를 열었다. 우선 당시 한국을 방문한 미국 대통령 빌 클린턴에게 大道無門이란 휘호를 써서 선물해 유행을 시킨 한자에 흠뻑 빠진 김영삼 대통령도 그날만은 축하 화환을 보내 주었고 참석자로는 정주영 회장을 비롯한 소속 국회의원과 선배 동료 의원은 물론 학계 등 사회 각계각층 지도자가 참석했다. 특히 한자 상징 인물인 한양원 민족종교협의회장의 갓 쓴 모습은 시선을 끌기에 충분했다.

이대로 연구원 사무총장의 경과 보고, 원광호 의원의 기념사, 정주영 통일국민당 대표, 허웅 한글학회 회장 축사, 전택부 YMCA 명예총무의 격려사가 있었다.

이어 큰 주제인 '국내외 학자가 본 한글의 우수성'으로 이현복 서울대 교수의 '음성·언어학적으로 본 한글의 우수성', 콘체비치 교수의 '러시아 학자가 본 한글의 우수성', 최윤갑 중국 연변대 교수의 '중국 학자가 본 한글의 우수성', 원광호 의원의 '한글 자모 구성 원리로 본 한글의 우수성' 강연이 있었다. 강연이 끝난 후 중국 요녕신문사를 통해서 『이것이 한글이다』 책을 한글 교재용으로 500권 기증했고 이날 축하 화환은 김영삼 대통령을 비롯한 40여 개 화환으로 회장 내외를 가득 채워 자리를 빛내 주었다.

분위기가 대단한 것보다는 강사로 나온 외국 학자들의 모습과 유창한 한국말로 한글이야말로 세계 으뜸이라고 증언할 때 우렁찬 박수 소리가 참석자 모두에게 울려 퍼져 대한민국 국민임을 으쓱하게 하였고 세종대왕을 더욱 존경하게 하는 계기를 마련하였다는 점에서 더욱 뿌듯했다.

바로 이 모든 일은 한글의 과학적 우수성을 증거, 뒷받침하여 다양한 방법으로 국제 전문가들에게 알리어 우리나라 문자, 한글이 세계에서 으뜸가는 존재감, 으뜸가는 문자 대접을 받게 하는 데 밑거름이 되었다고 생각한다.

뿐만 아니라 여러 나라의 국제학술대회를 분주하게 다니며 참석하여 한글 자랑과 세종대왕 자랑을 유감없이 했다. 특히 중국에서 열리는 조선학 국제학술대회에서는 한국 대표(어문 분야)로서 발표하여 북한 학자들과 남북의 이질화된 우리말을 지속적으로 연구, 개발하여 통일하자는 데 합의했다. 이것은 국제 학술의 가치를 드높이는 데 기여함은 물론 국위 선양에도 한몫을 한 것으로 흐뭇하게 생각하고 있다.

이 모든 것이 결실을 얻기까지는 국회의원이라는 신분이 탄력을 받게 한 것이 아닌가? 조심스럽게 돌아보게 한다.

한글 교재 개발 보급과 한글학교 운영

나의 한글 운동 시작은 한글 교재 개발 보급과 한글학교 운영에서부터 시작됐다. 일찍이 1975년, 오늘의 사단법인 한국바른말연구원을 설립하고 한글학교 무료 운영, 국제한국어교육원을 지금껏 이끌고 한글 운동에 열정을 쏟고 있다.

한글학교 교육 1

한글학교 교육 2

특히 최근에는 외국인 근로자와 탈북자 증가, 한류 열풍으로 인한 한국어 교육 수요 급증에 따라 보다 전문적인 새로운 한글, 한국어 전문 교재 연구 개발, 보급과 교사 양성이 더욱 절실히 요구되는 때다. 더욱이 나는 국내외 강연과 신문, 방송을 통해 얻은 정보, 특히 오래전부터 해외 순방 강연을 통해 현지 교민들로부터 교민 2세들에게 한국어 교육을 위한 교재가 부실하고 보급이 원활하지 못하다는 항의를 들어 매우 충격이었다. 한 집안 가족 중에도 할아버지, 아버지, 손자 3세대에 걸쳐 제각각 언어 소통이 어렵고 한국어가 잊혀 간다는 안타까운 실정을 보고, 듣고 이에 자극을 받아 해외 현지에 맞는 교포 2세의 한국어 교육을 위한 교재 개발과 보급 필요성을 절실히 느끼고 발 벗고 나섰다. 이에 주력하여 그 일환으로 국회의원 시절에는 국무총리로부터 각 부처 관련 장관은 물론 단체장 등에게 도움을 받아 내가 쓴 『이것이 한글이다』를 외교부를 통해 보급했다. 현재는 한류 열풍과 시대 변화에 맞는 현실성 있는 교재 개발로 『이것이 한글이다』 보정판을 만들어 보급할 예정이다.

『이것이 한글이다』 책을 펴냈다

세종문화회관에서 출판 기념 강연회

어릴 적부터 웅변, 연설, 강연 등의 매력에 빠져 남다른 발성, 발음 연습을 열심히 하였다. 그 연습과 훈련의 과정과 방법부터 특이했다. 중학교 1학년 시절, 고등학교 3학년 남궁격 선배로부터 콩이나 팥알을 입에 물고 말하는 훈련을 받았다. 그리고 콩, 팥알이 입에서 튀어나올 때마다 야단을 맞았다. 그만큼 말에서 가장 중요한 것은 정확한 발음임을 깨닫고 나는 아예 한글의 자음과 모음을 더하여 한 자씩, 한 자씩 차례대로 발음 훈련을 반복하였다.

앞의 제2장에서 언급한 것처럼, 발음 연습을 하던 어느 날, '가, 나, 다, 라, 마, 바, 사, 아, 자, 차, 카, 타, 파, 하'에 기역 받침을 붙이니 '각'이 되고 '낙'이 됨을 알게 되어 자연 조합 음절이 만들어지는 이치를 알게 되었다. 결국 자음과 모음, 쌍자음과 겹모음, 그리고 자음 받침과 겹자음 받침을 차례대로 조합해 보니 12,768자가 만들어지는 것을 알 수 있었다. 물론 그 이상으로도 얼마든지 무한대의 글자 조합이 가능하나 무엇보다 현행 한글맞춤법에 따라 12,768자로 한정했다.

특이한 점은 그 수많은 글자가 만들어진다는 사실도 감탄할 일이지만 무엇보다 한 자의 빠짐도, 중복도, 어긋남도 없이 연속 조합되어 글자가 만들어진다는 사실에 더욱 놀라움을 감출 수 없었다. 이는 한글의 짜임새와 조직 원리가 매우 독창적이고, 조직적이고, 체계적이며, 과학적임을 증명하고 있다.

우리 주변 아이들이 있는 집에 가 보면 벽에 한글 기초 교육용으로 '가, 나, 다, 라, 마, 바, 사, 아, 자, 차, 카, 타, 파, 하'에서 '기, 니, 디, 리, 미, 비, 시, 이, 지, 치, 키, 티, 피, 히'까지 큼지막하게 족자로 만들어져 있는 것을 볼 수 있다. 하지만 그 뒷장부터는 어디서도 보지 못한 것을 아쉬워했다. 이에 나는 최초로 '바른 말 바른 글'이라 이름을 붙이고 아동용 한글 자모판을 사비로 만들어 무료로 보급하였다.

이를 토대로 이름하여 『이것이 한글이다』라는 이름으로 책을 만들어 1986년 6월 30일 세상에 내놓았다. 여기서 가장 중점을 둔 것은, 한글 맞춤법에 의한 한글 기본 글자와 받침으로 조합된다는 것을 책으로 알린 것이다. 또한 글자는 만들었으나 현재 쓰이지 않는 자가 훨씬 더 많으므로 국어사전을 바탕으로 사용 빈도수에 따라 선별하고 쓰이지 않는 자는 빨간색으로, 쓰이는 자는 검은색으로 구분하고 이 자는 어떨 때 쓰인다는 예문을 달아 낱말을 확실하고 정확하게 이해하도록 사전적 의미를 더했다.

더불어 이 책은 한글, 한국어 교육의 효율성을 높이는 데 유일한 교과서 역할을 톡톡히 함으로써 5판까지 출판했다.

나는 세계 기록 보유자

1) 과연 성공할까?

나는 세계에서 문자를 가장 많이 아는 사람으로 최고 기록 보유자다. 한글 덕분에 세계 기네스에 도전하여 성공하고 영광을 안고 산다.

영국의 허닝은 오래전 22개 국어를 동시통역하여 구사 능력을 인정받아 인문 분야 세계 기네스 1인 자요, 나는 2003년 세계에서 가장 문자를 많이 아는 사람으로 도전, 성공하였다.

도전 종목은 3가지 종목이었다.

첫 번째, 세계에서 서로 다른 문자를 가장 많이 아는 사람.

두 번째, 세계에서 서로 다른 문자를 가장 길게 쓴 사람.

세 번째, 세계에서 서로 다른 문자를 가장 긴 시간 쓴 사람.

나는 영국 기네스협회에 세계에서 가장 문자를 많이 아는 사람으로 기록에 도전하고 싶다고 전하고 기록 도전에 관한 질문과 답을 메일로 수차례에 걸쳐 주고받았다.

나는 영어를 원활하게 못 하여 통·번역사를 통해 소통했다. 진행 과정에서 겪은 소통 장애와 애로 사항은 이루 말할 수 없었다. 결론적으로 말하면 이런 기록 대회는 해 본 경험이 없어 매우 난처한 입장이라는 것이다. 우선 대회 장소가 문제가 됐다.

영국에는 시행 장소가 마땅치 않고 한국에서 기록 대회를 치를 경우 영국 본회에서 심사위원을 파견해야 하는데 비용 문제가 발생한다는 것이다. 이 외에도 많은 문제점을 들어 결국 한국에서 하기로 합의하였다. 물론 기네스가 정하는 심사 규정 기준을 이행하는 조건이었다.

심사 규정은 매우 엄격하고 철저했다. 기네스협회가 정한 심사 서식 사용부터 심사위원 선정 기준에 의한 신고, 30여 명의 심사위원과 진행 예정 시간 약 72시간을 1초도 빠짐없이 시작부터 마치는 시간까지 3대 이상의 영상 촬영 카메라가 연속 기록 촬영을 하여야 한다. 그것도 본회가 인정할 수 있는 공인 TV 방송국에서만 신청, 사전에 승인을 받아야 한다. 도전자와 심사위원과 진행, 관련자들은 앞가슴과 등 뒤에 크게 표시하고 감시, 감독한다.

도전자는 고정된 자리에서만 글씨를 써야 하며 그 어떤 메모나 기타 커닝을 하면 안 되며 자리를 이탈할 수 없다. 다만 화장실 이용 시는 사전 손을 번쩍 들어 심사위원과 촬영 카메라가 이동하여 감시 촬영할 수 있어야 하고 특히 화장실 벽이나 기타 도전자가 커닝을 할 수 없도록 앞뒤로 연속 촬영해야 한다.

도전 진행이 완료되면 심사위원들의 입회하에 도전자가 쓴 천을 말아서 봉인 후 최종 검증 심사 장소인 학교 운동장으로 옮겨서 백여 명의 진행 요원이 붙들고 서 있으면 심사위원은 내가 지은 『이것이 한글이다』에 있는 한글 총 12,768자와 내가 도전해서 쓴 총 12,768자와 대조하여 오자나 탈자, 특히 같은 자를 중복해서 썼는지 받침이 틀렸는지 철저히 검증하고 최종 결과를 공개해야 한다.

그다음은 기록한 천 150m를 말아서 기록 촬영 테이프와 함께 본회에 제출하는 방식이었다.

때는 2003년 5월 13일로 장소는 경기도 양평군 강하면 동오리 632번지 한국문화의집 강당에서 실시하기로 하고 하루 전 12일 심사위원인 법률 책임자 이흥록 변호사, 한글학자 최기호 상명대학 교수, 조오현 교수, 정달영 교수, 정동환 교수, 한글학회 김한빛나리 현 사무국장, 이봉원 영화감독, 박기순 EBS 교육방송국 보도국장, 촬영기사, 우지영 금성출판사 기획실장, 조광복 한글학회 관리국장, 강민선 한국바른말연구원 기획실장 외 30여 명이 사전 현장에 도착하여 진행에 관한 회의를 마치고 내일 새벽 5시에 기상 준비하여 정각 6시에 시작하기로 했다.

나는 내일 좋은 몸과 마음을 유지하고 도전하기 위해 일찍 잠자리에 들었다. 그런데 초저녁부터 시끌벅적 떠드는 소리에 도저히 잠을 잘 수가 없었다. 아무리 조용히 하라 해도 무슨 할 말이 그리도 많은지 소곤소

곤하다가 웃음을 참지 못하여 킥킥대다가 밖으로 튀어 나가는 사람에 물 먹으러 부엌으로 들어가 덜그럭거리는 소리, 코 고는 소리, 온갖 잡소리에 잠을 설치고, 날이 새면 시작될 일들의 연상, 걱정 등 한잠도 못 자고 뜬눈으로 밤을 새웠다. 5시가 되어 일어나 찬물에 세수한 후 준비된 도전복에 머리띠를 꽉 조여 매고 자리에 앉았다.

세계 최다 문자 외워 쓰기 도전, 이렇게 150미터를 써 내려가고 있다

5월 13일 정각 6시가 되자 대회 시작이 선언되고 나는 단단한 각오로 써 내려갔다. 그런데 촬영 카메라 라이트가 너무 강렬하게 비추어 얼굴이 뜨겁고 정신이 없다. 3줄 중간쯤 쓰는데 그만 정신을 깜박하여 잠시 다음 글자가 기억나지 않았다. 나도 놀라고 지켜보는 심사위원들이 당황했다. 다행히 정신을 차려 다음 글자를 기억해 내 정상으로 회복되어 잘 써 내려갔다.

두 시간쯤 지날 때 밖에서 덜커덩대며 경운기 논을 가는 소리가 요란하게 들렸다. 도저히 신경 쓰여 집중이 안 된다. 잠시 멈추고 나가서 사정을 이야기하고 하루치 비용을 부담하겠으니 멈춰 달라고 간청해 보라고 시켰다. 금방 멈추고 돌아와 보고했다. 건너편 논을 갈고 있던 정성모 아저씨가 그러냐고 미안하다고 하며 내일 오후에 갈기로 했다 한다. 다행이다. 만약 간청을 들어주지 않고 계속 경운기가 소리를 낸다면 집중할 수 없어 아마도 포기할 수밖에 없었을 것이다. 나는 다시 집중하고 진행하였다. 벌써 9시가 됐다. 3시간을 쓴 것이다. 화장실에 가고 싶다. 손을 번쩍 들어 신호를 했다. 얼른 알아차린 촬영감독은 2번 카메라에게 화장실 안에 들어가 벽이며 천장과 바닥에 어떤 글자나 암호 등 아무것도 쓰여 있지 않다는 증거를 사전에 촬영하고 나오라고 지시했다. 심사위원 1명과 2번 카메라가 화장실로 들어가 확인, 다 찍고 나오자 나에게 도전자는 화장실에 들어가도 좋다는 승낙을 해서 들어갔다. 그런데 웃기는 것은 3번 카메라가 내 뒤를 따라 소변을 보는 것까지 촬영하고 나오는 장면까지 한순간도 놓치지 않고 촬영하는 것이다. 모두 재미있어 깔깔대며 웃었다.

　　다시 쉴 사이 없이 시작했다. 원래는 72시간(3일)을 잡았는데 3일 동안 잠도 안 자고 계속 진행한다는 것은 도저히 불가하다는 판단에서 속도를 내어 하루를 단축시켜 48시간(2일) 만에 마쳐 보자는 계산에서 서둘러 쓰기로 하였다. 12시가 가까워지자 허리가 아프기 시작하고 가장 힘든 것은 손목이 시큰거리며 통증이 심해지는 것이다. 그뿐만 아니라 유성 사인펜 종류인 일제 필기구가 냄새가 지독하여 머리도 아파진다. 하는 수 없이 사전 준비된 파스를 손목과 허리에 붙이고 머리띠를 질끈 동여매었다. 심사위원을 비롯한 전 진행위원들은 점심때가 지나자 간단한 김밥과 간식을 들고 다니며 입에도 넣어 주고 먹는다. 나도 김밥이며 과자며 간식을 집어 먹으면서 오른손은 계속 써 내려갔다. 저녁때가 되어 피곤해지며 두통이 심해졌다고 하니까, 냉장고에 얼렸던 물수건을 수시로 꺼내다 내 머리 위에 얹어 준다. 시간이 흐르자 오른손에 힘을 주어 써서 그런지 오른쪽 팔에 마비가 오는 고통에 힘들어하자 이를 보고 있던 김한빛나리 위원은 어깨를 주무르기 시작한다.

밤 10시가 넘어서는 도저히 버티기가 힘들어 일어나 진행위원들과 같이 단체로 맨손체조를 했다. 밤 12시가 넘자 나도 힘들지만 진행위원들 모두가 하품을 시작하고 어떤 감독관은 고개를 끄덕이며 조는가 하면 또 어떤 이는 아예 코를 골다 진행요원에게 지적을 당하기도 한다. 시간은 점점 깊어지고 벌써 건너편 골짜기 희진네 집에서는 날이 밝고 있음을 알리는 닭 우는 소리가 들렸다. 내 옆에는 밤새워 써 온 천 두루마리가 수북해졌다.

그러나 나는 얼마나 남았는지 계산할 수 없다. 이 사람, 저 사람 고함을 지르며 으라차차 힘내라고 응원을 보낸다. 심지어 팔을 들어 올렸다가 내리기를 반복시키고 목이며 다리며 열심히 주물러 준다. 그래도 가끔찍 다리에 쥐가 나서 일어나 온몸을 비틀며 운동도 했다. 시간은 그렇게 흘러 새벽 2시 56분에 완성했다. 뒤를 지켜보던 김한빛나리 위원이 두 손을 번쩍 들고 "성공!" 하며 끝맺음을 선언하자 모두 아우성이다.

다 같이 끌어안고 기뻐했다.

세계 최다 문자 외워 쓰기 성공

2) 새벽 2시 56분에 완성

진행되는 동안 '가, 나, 다, 라'와 같이 받침 없는 글자, 또는 홑받침을 써 가는 데는 쉬웠으나 '없, 많, 삯' 등 겹자음 받침이라든가 '꺆, 겪' 등은 매우 혼란스러워 애를 먹었다. 150m 되는 천을 돌려서 말기 시작했다. 한참 후 돌돌 말아 놓은 뭉치를 봉인해 심사위원들이 서명하고, 우지영 심사 감독관은 '대한민국 만세! 세종대왕 만세! 한글 원광호 만세!'라 쓰고 포장, 봉인하였다. 이 뭉치는 15일 세종대학교 운동장에서 펼쳐 놓고 심사할 예정이다.

15일 아침 일찍부터 서둘러 현품을 싣고 심사 현장인 세종대학교 운동장으로 갔다.

벌써 한글학회 임원과 한글문화단체모두모임 임원과 심사위원, 김계곤 회장님, 김석득 전 연세대학교 부총장님을 비롯한 학회 임원과 세종대왕기념사업회 박종국 회장님, 한글문화단체모두모임 임원 여러분과 심사위원, 최계환 교우 그리고 진행 요원, 특히 백여 명의 국문과 학생들이 진행을 돕기 위해 모였다.

심사 규정과 방법을 심사위원장인 최기호 교수가 소개하고 심사가 시작되었다. 제일 먼저 폭 90cm, 길이 150m의 천을 심사위원들이 봉인 이상 없음을 알리고 개봉하여 돌돌 감은 천을 서서히 풀어 백여 명의 학생이 길게 서서 들고 서 있는 것이다. 그다음은 대형 줄자로 150m 천의 길이를 재는 것이다. 그런데 문제가 생겼다. 150m 천이 분명한데 심사해 보니 131m 70cm로 발표되어 18m 30cm 차이가 나는 것이다. 문제 제기로 확인 결과 학생들이 팽팽히 잡아당겨야 정확하게 150m가 되는데 그날따라 날씨가 무척이나 더워서 처지는 데다가 팽팽하게 당기지 않아서 늘어지는 바람에 길이가 줄어든 채 잰 것이다.

그다음은 여러 명의 심사위원이 내가 쓴 책『이것이 한글이다』'한글 자모판'을 들고 한 자 한 자 꼼꼼히 대조해 가며 심사하는 것이었다. 워낙 많은 글이다 보니 심사 확인에 시간이 길어질 수밖에 없었다. 여기서 가장 중요시되는 것은 도전 목표인 한글 총 12,768자 중 한 자라도 빠졌거나 같은 자를 두 번 썼거나 받침이 틀렸을 경우 기록 탈락, 실패인 것이었다.

운동장에서 백여 명이 심사를 받기 위해 들고 있다

이 부분 심사에서도 감탄이 쏟아져 나왔다. 그런데 한 심사위원이 앞부분 자모판에 있어야 할 글자와 뒷부분 자모판에 있어야 할 글자가 서로 위치가 바뀌었음을 발견하고 이의를 제기하였다. 그러나 나는 즉각 반격, 해명에 나섰다.

내가 실수로 순서를 바꿔 쓴 것은 사실이나 이 부분 도전은 순서와 관계없이 서로 다른 글자를 최고 많이 암기하여 쓰는 것을 기록으로 도전한 것이니, 무슨 자를 어디에 썼든 문제가 될 수 없다고 말하자, 모두 이를 받아들여 합격 처리하였다.

이렇게 해서 심사 결과를 공개 발표하였다.

3) 드디어 성공 발표

이 도전은 세상에 한글이 가장 조직적이고 체계적이며 최고 과학적 우수 문자임을 증명하고 이를 널리 알리기 위한 취지다. 바로 그 목적을 나는 도전자로서 성공, 달성한 것이다. 참석자 모두 나의 도전에 그칠 줄 모르는 성공 축하 박수와 칭찬을 보내 주었다. 그날의 축하 꽃다발은 유난히도 빛나고 값진 꽃다발로 오래오래 기억될 것이다. 기네스 도전은 손목과 다리에 쥐가 나고 20시간 이상을 같은 자세로 앉아 더 이상 견딜 수 없는 허리의 고통을 참고 이겨 낸 나 자신의 의지에 감사하며 마침내 나에게 한없는 기쁨과 영광을 선물한 날로 기록되었다.

이날 대회 준비부터 진행에 고생이 많았던 진행 요원, 특히 땡볕에서 땀 흘리며 참아 준 세종대학교 학생들, 그리고 심사 감독위원 여러분, 학회 관계자 여러분께 정말 고맙다고 정중히 인사했다.

특히 이날의 기록 도전, 성공을 처음부터 마치는 시간까지 한순간도 놓치지 않고 여러 대가 연속 촬영하느라고 고생을 많이 한 EBS 교육방송국 감독관 박창순 선생을 비롯한 촬영 팀 모두에게 감사드리며 특집으로 상세히 취재하여 보도한 동아닷컴 이의재 취재 보도 기자를 비롯해 최건일 촬영 편집, 동아닷컴 취재, 보도진들에 대한 고마움도 잊을 수 없는 일이었다.

나는 이 덕분에 유명해졌으며 이 일이 계기가 되어 더욱 한글을 사랑하고 세종대왕을 존경하고 세계를 돌며 한글과 한국어를 널리 알리며 자랑하는 국제 강사가 되었다.

나는 세종 신하 국제 강사다

나는 지은이 소개에서 밝힌 것처럼 강원도 원주 귀래 백골 촌놈이다. 이 촌놈의 꿈은 대한민국에서 제일 많은 사람 앞에서 큰 소리로 외치며 연설하는 것이 꿈이었다.

드디어 그 꿈은 꿈에서 벗어나 어느덧 현실로 다가와 100여 장의 웅변 상장이 대변해 주듯 웅변대회에 나갔다 하면 1등이요, 이 웅변술은 기술이 아니라 가슴으로 쏟아 내는 호소력으로 국회의원 후보부터 당선될 때까지 수많은 관중 앞에도 서 봤고 그보다 몇 배 많은 대통령 선거 정주영 후보 연설장에서 찬조 연설원으로서 수많은 대중을 사로잡는 연설도 하였으니 내 꿈은 크게 이룬 것으로 계산하고 있다.

1987년 하와이주립대학을 시작, 뉴욕, 시카고, 중국 등 백여 개의 여러 나라를 대상으로 순회강연을 하며 국제 강사로 매우 바쁘게 활동하고 있으니 여간 기쁘지 않으며 행복을 먹고 살고 있는 셈이다. 생략하고 여기서는 국제 순회강연 중 대표적인 사례만 소개한다.

하와이주립대에서 한글의 우수성 강연

재미한인학교 총회 초청 강연을 마치고

시카고에서 초청 강연

2016년 1월 27일, 태국 탐마삿국립대학교 컨벤션에서 열린 2016 국제청소년 월드캠프 강사로 초청을 받았다. 태국을 비롯한 주변 국가 대학생과 교수 총장 등 4천5백여 명이 참석한 자리였다.

태국 탐마삿국립대학교 컨벤션에서

태국 탐마삿국립대학교 컨벤션에서 강연

이날은 '한글의 과학적 우수성 논증'이라는 제목으로 강연했다. 한글이야말로 세계 유일 우수 문자요, 유네스코위원회에서는 이미 1980년도에 바벨계획안을 발표하면서 세계문맹퇴치문자로 가장 적합한 한글임을 소개했다. 더불어 한글, 한국어를 보급하자는 주문과 함께 아직도 문자를 모르고 살아가는 소수 민족과 말은 있으나 문자가 없거나 모르는 채, 기록 없는 비문화, 정보 없는 어둠 속에 살고 있는 7억 4천만여 명 문맹자에게 한글을 가르쳐 희망을 심어 주자고 역설하였다. 이들을 위해 젊은 청년 대학생 여러분이 한글 교사로 나서 달라고 호소, 많은 박수갈채로 동의를 얻어 냈다.

그들 중 자원 희망자 대학생 400여 명의 신청을 받아 한글 지도 교사반을 구성하고 이 자리에서 한글, 한국어를 좀 더 쉽게 가르치는 교수법을 집중 강의하였다. 그리고 국제해외봉사단원이 되어 한글 보급에 앞장서 줄 것을 당부하였다.

한편 현지 언론은 물론 국내 언론 등을 통해 앞으로 아프리카, 인도, 러시아 등 세계 127개국 현지를 순차 순방 강연할 계획을 밝히고 국내외 뜻있는 분들의 적극적인 지원과 후원을 바란다고 말했다.

이렇게 한 시간이 넘도록 줄곧 한글의 우수성, 세종대왕이 국민을 소중히 생각하여 한글을 만든 과정 그리고 한국 문화를 알리는 데 열정을 쏟았다.

이어 러시아 강연 역시 다음 소개와 같이 대성황을 이루었다.

「한류열풍에 한글, 한국어 세계화 바람」이라는 제목으로 러시아 언론이 크게 보도한 내용을 옮겨 적는다.

원광호 한국바른말연구원장(14대 국회의원)은 지난 1월 1차 태국권 주변국 대학총장, 교수, 학생 4,500여 명을 대상으로 한국어 우수성에 관한 성공적인 강연에 이어 이번에는 2차 해외 순방 강연 차 5월 5일 이곳 러시아 상트페트르브르크에서 열린 2016 러시아권 월드 캠프에서 5천여 명 대학생을 상대로 '한류열풍과 한국어 세계화'란 제목으로 강연해 참석자들로부터 큰 박수갈채 속에 한글의 우수성을 알리는 강연을 마쳤다.

강연 후 진행된 '한국어 말하기대회'에도 참석하여 수상자들을 축하하고 한국어 사전을 상품으로 시상하면서 '세상에서 가장 배우기 쉽고 쓰기 쉬운 한글, 한국어'로 문자가 없는 문맹국의 희망 해외 봉사단원들이 되어 줄 것을 당부했다.

이렇게 세계를 돌며 태국, 라오스, 캄보디아, 필리핀, 인도, 네팔 등 각 나라의 현지 국민들, 수많은 학생, 교수, 총장, 일반, 교민 등 수천 명이 모인 가운데 열정을 담은 큰 목소리로 외치며 한글의 과학적 우수성과 세계의 왕중왕 세종대왕을 자랑하는 강연을 하여 더없는 감동을 주고 칭찬을 받았다.

나는 이런 국제 강연을 통해 이 세상에 태어난 가치와 지난날 고난의 역사를 대변해 주고 한글을 자랑하고 알리며 얻은 기쁨과 영광을 영원히 지워지지 않는 기록으로 남긴다는 희망 속에 있으며 지금까지 한글 운동에 미쳐 살아온 것처럼 오늘도 내일도 변함없이 더욱 활발한 나의 강연 여행은 계속될 것이다.

더불어 언제 어느 곳에서 누구를 만나든 한글 자랑이 우선이다.

카터 전 미국 대통령

백골 촌놈의 마지막 남은 꿈은 자랑스러운 나의 조국 대한민국 이 땅 넓은 대지 위에 우리나라 전통의 멋을 살린 한옥으로 '국제한국어대학'을 설립하여 세계 유일 문자, 언어 연구, 교육기관으로서 세계 으뜸 문자 언어학자를 배출하는 학교를 세우는 게 꿈이다.

세계 최고로 긴 현수막 100미터 90센티

나는 의원직을 끝내자마자 바로 광고 사업을 시작했다. 서울 마포경찰서 건너편 고려아카데미텔1 우리은행 건물 벽에 대형 '탑광고'란 간판을 걸고 사업을 시작했다. 사업 중 돈도 조금은 벌었지만 그보다 유효 적절했고, 가치 있고, 보람 있던 일은 바로 정부의 한자 병용 기습 발표에 전국반대투쟁위원장으로서 반대 시위 때 사용한 100.9미터 길이의 세계에서 가장 긴 현수막을 손수 제작하여 사용한 일이다.

작업이 밀리어 야근하는 와중에 정부에서 한자 병용 정책을 기습적으로 발표했다. 전국한자병용반대투쟁위원회 위원장으로서 가만히 보고만 있을 원광호가 아니다. 나는 한글학회를 중심으로 뭉친 한글문화단체모두모임 소속 50여 개 단체에 비상을 걸어 대책 회의를 열고 야간 준비 작업에 들어갔다.

나는 한글날인 10월 9일을 상징하는 100.9미터 긴 현수막을 만들어 광화문 네거리에서 반대 시위를 하겠다는 목표를 세웠다. 이것은 대한민국에서뿐만 아니라 세계 어느 나라에서도 볼 수 없는 최고로 긴 현수막으로 기네스 기록감이 탄생하는 것이다. 다시 말해 폭 90센티에 한 번의 이어짐 없이 통원단 하나로 만드는 방법으로 그 누구도 생각할 수도 없고 엄두도 낼 수 없는 기발한 발상인 동시에 제작할 수 있는 기계를 보유하고 있다는 것도 놀라운 일이었다.

나는 평소 남보다 예지 능력이 탁월하다고 생각한다. 사실은 탑광고 사업도 이런 것들을 대비한 일환이요, 이미 내 머릿속에는 계산된 일이다. 느낌이 좋았다. 철저히 보안을 유지하는 가운데 젊은 청년들로 구성된 반대 시위 행동 대원들은 내가 운영하는 연구원 마포 사무실에 대기시켜 놓고 이들도 눈치채지 못하게 철저히 비밀에 부쳤다. 밤 12시가 되자 아래층 탑광고에서 문을 잠그고 현수막을 만들기 시작했다.

한창 진행되던 중 문제가 생겼다. 기술진이 나에게 불가하다는 보고다. "갑자기 불가하다니 무슨 개떡 같은 소리야?" 나는 화가 나서 무엇이 불가한지 다그쳤다.

이유는 원래 흰수막 친 원단 자체가 1통 길이가 100m이므로 9m가 모자라 이을 수밖에 없다는 것이다. 이어진다면 언론 보도 자료와 맞지도 않고 차후 기네스 등록 시 기상천외하다는 가치가 없어지므로 절대 이어서는 안 된다며 단호히 거절했다. 그 안을 거절하고 나니 묘안이 없다. 궁리 끝에 제안했다. 100m 90cm로 하자. 기본 100m 원단에 롤 양옆 여유분은 1m가 나오니 90센티로 가능하다는 계산이 나온다. "역시 원장님 머리는 못 따라갑니다." 웃음소리와 함께 모두 동의하고 작업을 시작했다. 워낙 길이가 길어 몇 시간을 쉬지 않고 가동하니까 기계가 열을 받는 것이다. 선풍기를 있는 대로 틀어 댔다. 한없이 들어가는 잉크도 보충하고 출력되는 현수막도 말아 가며 작업은 계속 이어졌다. 야근 직원들도 지쳐 이 구석, 저 구석 피곤한 몸으로 엎드려 잤다. 아침 8시에 덕수궁에서 펼쳐 들고 광화문까지 시위에 쓸 것인데 애가 탄다. 6시 40분에서야 드디어 완료됐다. 위층 대기 중인 행동 대원들을 깨워 내려오라 했다. 이를 본 대원들은 모두가 놀란다. 어느 대원이 말한다. "아니, 우리 한글 단체에 이런 사업을 하는 분이 있으니 할 수 있지. 이 일을 다른 업소 가서 주문하면 가능하겠는가? 또 설사 가능하다 할지라도 이걸 얼마에 해 줄 것인가. 정말 원장님 대단합니다." 치켜세운다. 그렇다, 사실 내가 이 사업을 하게 된 것은 분명히 이럴 때 써먹겠다는 계산도 있었다고 털어놓았다. 그제야 모여 있던 한글 운동 행동 대원들은 다시 한번 놀라며 모두 예견자요, 역시 한글 운동 선구자, 원광호 원장님께 고맙다는 박수를 치자고 해 큰 박수를 받았다.

드디어 1999년 2월 13일, 아침 해는 밝아지고 행동 대원들은 탑광고 옆 콩나물 해장국 식당에서 해장국 한 그릇씩을 뚝딱 먹고 예정된 8시에 밤새 만든 대형 현수막을 돌돌 말아 들고 시위 현장인 덕수궁 세종대왕 동상 앞으로 갔다. 이른 아침 팔구십 노장들이 먼저 와 계셨다. 주영하 박사(세종대학교 전 이사장), 전택부 YMCA 명예 총무, 허웅 한글학회 회장, 김석득 전 연세대 부총장, 한갑수 한글재단 이사장, 박종국 세종대왕기념사업회 회장, 우리말 뜻풀이 대가 정재도 선생, 안경산 선생, 김계곤 선생 등 아침 일찍부터 추위에 떨며 나와 기다리고 계셨다. 강추위에 대부분 80이 훨씬 넘은 분들이요, 90이 넘은 분도 몇 분 계신다. 오랜만에 귀마개를 한 어른들의 모습에 모두 놀란다. 이 어른들은 이런 추운 날씨에 밖에 나올 일이 없었고 또한 시위에 참여해 본 일이 없는 분들로서 오늘 이렇게 나오셔서 이 자리에 참석하신 것은 정부의 그릇된 한자 병용 정책에 반대를 넘어 분노를 표출하는 것이며 나라를 위한 절규요, 국민에 대한 호소였다.

한글문화단체모두모임(50여 개) 단체장은 물론 소속 회원과 학생, 시민 등 한글 운동 근대사에 있어 최고로 많은 사람이 참석한 반대 시위장이다. 여기에 수많은 취재진이 지켜보는 가운데 대규모 규탄 대회가 열린 것이다.

시인 오동춘 박사의 사회로 시작하여 비대위위원장인 내가 세종대왕께 바치는 글을 통해 반드시 한글전용법을 지키겠노라고 울먹이며 선언문을 낭독하자 참석자들은 모두 따라 울분을 참지 못해 울음을 터트렸다. 참석자들은 비통한 심정으로 잘못된 정책이 취소될 때까지 더욱 강하게 투쟁할 것을 결의하였다.

이어 밤새워 제작한 "한자 병용 반대! 즉각 취소하라! 거꾸로 가는 말글 정책을 규탄한다! 신나리 장관, 김조필 총리는 물러가라!" 등 구호가 인쇄된 100m 90cm 길이의 현수막을 용처럼 갈지자로 1미터에 한 사람씩 붙들고 줄을 서서 규탄 대회를 한 다음 대한문을 나와 덕수궁 돌담을 따라 청와대 정문까지 시위를 이어 간다는 목표로 출발했다. 그러나 조선일보 앞에서 경찰 강제 진압 제지로 거리 시위행진은 차단되고 현수막을 빼앗긴 채 비대위원장인 나를 비롯한 오동춘 교수, 조용란 교수가 파출소로 연행되었다.

그러나 시위대는 굴하지 않고 다시 한글학회에 모여 전열을 정비한 후 문화관광부 앞으로 이동, 항의했다.

이어 2월 19일 오전 11시, 나는 세종로 문광부 청사 앞에서 규탄 대회를 열고 신나리 장관 퇴진을 강력히 촉구하였다. 한편 이날 11명이 삭발할 계획이었으나 내가 여러분을 대신해서 삭발한 것으로 이해를 구하며 보도진들이 지켜보는 가운데 위원장인 나의 머리를 김한빛나리 선생이 깎았다. 더

1. 100미터 90센티미터 현수막
2. 한자 병용반대 시위 주도
3. 삭발하는 원광호 위원장

이상은 삭발하지 않았으나 이를 보고 있던 참석자들은 울먹이며 구호를 외쳤다. 한편 한자 병용 정책 철회를 요구하는 성명서와 함께 삭발한 머리카락을 포장하여 문광부 신나리 장관에게 직원을 통해 전달했다. 결과는 우리의 승리였다. 정부가 정책 발표를 철회했다.

이때 고생이 많았던 유운상 사무국장과 김한빛나리 선생, 김불꾼 선생, 조광복 선생 등 젊은 행동 대원들에게 다시 한번 고마움을 전하고 싶다.

또한 이런 결과는 오로지 한글을 사랑하는 관련 단체 회원과 뜻을 같이한 국민들의 염원이며 고생의 결과로 다시 한번 고맙다는 인사를 드리고 싶다.

또한 한글날 재제정 촉구 운동 때도 10m 90cm 현수막 109개를 제작, 게시하여 효과를 톡톡히 보았다. 이 외에도 시위운동 때마다 100m가 넘는 그 많은 작업량을 적절하고 유일하게 말 없고 탈 없이 만들어 준 노바젯 출력 기계와 밤새워 가며 운전해 준 한국바른말연구원 강민선 기획실장의 고마움도 잊을 수가 없다.

그도 그럴 것이 만약 노바젯 기계가 없었다면? 또한 강 실장이 없었다면 가능했겠는가? 그래서 현수막을 손수 제작, 유효하게 활용한 결과를 생각하면 더욱 고맙다.

세종대왕릉역 이름 제정 성공

2018년 평창 동계 올림픽 대회를 앞두고 성남에서 여주까지 경강선을 건설하면서 세종대왕께서 잠들어 계신 경기도 여주 영릉 부근에 역을 건설하는데 역 이름을 영릉역으로 확정·고시 발표하고 마지막 표지판 작업을 마무리하고 있다는 소식을 해외 순회강연차 러시아 상트페테르부르크에 머물고 있을 때 들었다. 나는 모든 일정을 취소하고 화급히 귀국하였다.

나는 영릉역 이름의 부당성과 절차 문제점을 확인하고 곧바로 여주시장을 비롯한 시민단체 대표들을 만나 설득에 나섰다. 경강선 복선 전철 개통을 앞두고 기쁨과 기대 속에 부풀어 있던 여주 시민의 자존심과 희망을 좌절시켜, 분노와 격분으로 가득 차 있음을 널리 알리고 세종대왕역명을 제쳐 두고 당치도 않은 구태한 지침과 변명으로 일관하면서 영릉역으로 확정했기 때문에 궐기하자는 취지로 여주 시민에게 동참할 것을 권유하였다.

우선 나는 일차적으로 여주시 관내 기관, 사회단체장을 소집, 세종대왕 이름으로 제정돼야 하는 이유와 타당성을 피력하고 또한 성공 가능성에 대해서는 국토부, 한국철도 시설공단의 지침이나 규정 따위는 어느 것 하나 따질 가치조차 없는 모순투성이요, 구구한 변명과 답변뿐이었다고 말하고 여주 시민의 이름으로 뭉쳐 모든 방법을 동원, 반드시 세종대왕역으로 바꾸는 투쟁에 합의, 의결하고 성명서를 내는 등 탄력을 받았다.

그런 가운데 여주 지역 31개 시민단체가 연합해 2016년 5월 30일 세종대왕역 명칭제정추진위원회를 구성했고 나는 공동위원장을 맡았다. 나는 국토건설교통부와 한국철도 시설공사 책임자에게 공개 질의를 했다. 세종대왕역 이름 거부 이유에 대한 국토건설교통부의 답변을 받았고 일부 시민과 이씨 종친회에서 세종대왕 이름을 함부로 부르는 것은 세종대왕의 명예를 실추시키고 훼손할 수 있다는 답변이 있었다.

나는 이에 대해 세종대왕의 높은 존경심으로 이해할 수 있으나 그것은 지나친 과민이라고 설명했다. 링컨, 케네디를 부를 때 '링컨 님', '케네디 님' 하고 '님' 자를 붙이는가? 아니다. 어른이나 아이들이 링컨, 케네디에 '님' 자를 안 붙이고 불러도 그분들의 이름이 실추되거나 훼손되지 않는다. 부르면 부를수록 유명한 분임을 깨달아 전 세계 어린이들이 이름을 부르며 위인전을 읽고 철학을 배우며 공부하고 더욱 존경하고 있다. 이름은 부르면 부를수록 존경과 친근함을 느끼게 된다.

마찬가지로 세종대왕역이라 부르면 부를수록 이분의 애민사상과 철학을 배우게 되고 세계에서 으뜸가는 한글을 창제하신 훌륭한 분이란 기억을 되살리게 되고 또한 더불어 여주를 떠올리게 된다고 설득시켰다. 그래서 이름도 거룩한 성군 '세종대왕'을 역 이름으로 요청한다고 했다.

세종대왕역 역명 제정 시위

역명 제정 성공 기념, 세종대왕릉역 앞에서

또한 국토부가 계속 영릉역을 고집한다면 복선 전철 개통 저지는 물론 평창 동계 올림픽 큰 잔치에 큰 지장이 될 것을 국토교통부에 경고하고 여주 시내 전역과 각 면 소재지에도 규탄 현수막을 내걸게 했다. 나는 잠자던 여주 시민에게 호소했다.

내가 원장으로 있는 사단법인 한국바른말연구원을 중심으로 한글학회, 세종대왕기념사업회, 외솔회, 한글문화단체모두모임 등 50여 단체와 1천3백여 명의 전직 국회의원 모임인 대한민국헌정회 다수 전 의원들의 적극적인 지지 서명과 함께 3만여 명의 여주시민들의 분노에 찬 투쟁 결의 서명서를 받아 국토부에 전달했으며 원천 무효와 세종대왕역으로 제정하라는 강력한 운동을 전개했다.(사진)

나는 "유네스코에서도 '왕중왕(King of King)'으로 추앙받는 위대한 성군 세종대왕님의 시호도, 묘호도 아닌 고작 묘지 이름(능호)을 역명으로 제정한다는 것은 국토교통부의 무식과 세종대왕님의 위상을 철저하게 깎아내리는 것이다."라고 주장했다.

그리고 이에 대한 책임과 비난을 면치 못할 것이라고 강력하게 규탄했다. 뿐만 아니라 동계 올림픽 대회를 앞두고 세계의 자랑이자 대한민국 문화의 꽃인 한글과 세종대왕님을 전 세계에 자랑할 큰 기회를 스스로 걷어찼다는 비난을 면치 못할 것이라고 강렬하게 지적했다.

결과는 승리요, 오늘날 경강선 열차는 자랑스러운 세종대왕릉역을 달리고 있다.

참으로 다행한 일이며 다시 한번 여주 시민과 운동에 참여한 모든 분께 고마움을 전한다.

세종국제공항이 인천국제공항으로

생각만 해도 기가 찰 노릇이다. 세상에, 한 지방 모퉁이 버스 정거장 이름도 아니고 대한민국이라는 나라에서 제일로 꼽는 대표성 공항은 물론이요, 동양에서 1위, 세계에서 3위라고 자랑하는 거대 국제공항이요, 또한 국내외 수많은 사람이 드나들며 이용할 대한민국 관문이요, 영원히 존재할 공항 이름이거늘, 한낱 지방선거의 표를 의식해서 지역 이름으로 결정된 그 이름이 바로 인천국제공항이라니 참으로 생각하면 생각할수록 어처구니없고 한심스럽고 통탄할 일이다.

이에 진실을 공개한다.

그때나 지금이나 인천 지역 시민들의 지역을 사랑하는 충정은 이해하나 대한민국이란 한 나라라는 큰 틀에서 폭넓은 이해로 보아 주기를 거듭 바란다. 이해를 돕기 위해 관련 강연회부터 소개한다.

1998년 4월 13일 세종국제공항명칭추진위원회와 세종대왕기념사업회가 공동 주최한 '세종별과 세종국제공항'이란 제목으로 세종문화회관에서 학술 강연회를 열었다.

이때 나는 세종국제공항명칭추진위원회 사무총장으로서 "세종대왕 재조명으로 세종국제공항 이름 붙여야"라는 제목으로 반드시 인천국제공항이 아닌 세종국제공항으로 해야 하는 타당성을 강력히 주장하는 강연을 했다.

특별히 일본 와타나베 가즈오 님이 1996년 발견한 소행성 '1996QV1'를 전 도쿄대학 교수 후루가와 기이치로 님이 국제천문연맹(IAU)에 추천하여 '7,365 세종(Sejong)'이라고 명명함에 축하와 고마움을 전하고 세종으로 명명한 배경을 들었다. 이날 강연회에서 결의, 배포된 취지문과 경위 일지를 보면 다음과 같다.(취지문 생략)

1992년 당시 교통부와 한국공항공단에서 공항 명칭에 관한 문제 제기

1992. 9. 4. 중앙일간신문에 공항 이름 공모

1992. 9. 22. 공모 결과 총 586종 1,644건을 접수하여 1위 세종 101(2~7위 생략), 반면 인천은 8위로 30, 그래서 세종으로 **뽑아 발표했다**.

1992. 10. 1. ~ 15. 공모 결과에 대한 부처 의견 수렴

1992. 10. 인천 반발

1992. 10. 19. 관련 부처, 세종으로 확정해 줄 것을 요청

1995. 1. 재심: 영종, 세종, 인천, 서울, 서울 영종 5개 안을 선정, 이 중 다시 영종과 인천으로 압축한 결과 영종 16, 인천 3으로 영종을 뽑아 발표

1995. 2. 영종의 반발, 인천을 주장하며 인천 시민이 조직적으로 운동을 전개

1996. 3. 그 후 인천 지역 사회단체 등에서 '인천' 운동이 확산되었고 이어

1996. 3. 21. 선거 3일을 앞두고 '인천국제공항'으로 확정 발표

1996. 3. 24. 선거 당선을 위해 한 지역 주요 공약 사항으로 신한국당 민주계 실세인 최모선 인천시장이 청와대에 긴급 지원을 요청한 끝에 건교부를 누르고 '인천국제공항'으로 낙점되었다는 소문이 파다했다.

1997. 6. 17. 이에 한글 단체는 인천국제공항 명칭 변경에 관해 김영삼 대통령에게 청원을 냈다.

1997. 7. 11. 다시 한글 관련 단체들이 모여 '누가 영종도에 건설 중인 공항을 인천국제공항이라 했는가?' 문제 제기와 강력하게 투쟁하기로 결의하고 세종국제공항명칭추진위원회를 구성, 전택부 전 YMCA 명예 총무가 회장을, 내가 사무총장을 맡았다.

1997. 12. 26. 나는 세종국제공항명칭추진위원회 사무총장으로서 김영삼 대통령을 상대로 인천국제공항 명칭 사용중지 가처분 및 취소와 세종국제공항으로 사용케 하라는 청구 소송을 서울고등법원에 냈다.(행정소송, 제8특별부 배정) 사건 번호: 97구53504 / 원고: 원광호 세종국제

공항명칭추위원회 사무총장 / 피고: 김영삼 대통령)

재판 결과는 예상대로 패소다. 대한민국이란 큰 틀의 폭넓은 이해가 아쉬울 뿐이다. 내 평생 한글 운동 중 뼈아픈 패배였다.

역사를 외면하고, 상식이 통하지 않고, 양심을 거부하고, 미래를 내다볼 줄 모르고, 통찰력 없고, 잘못된 역사 기록을 남긴 그 인물들, 우리 모두는 그들의 흔적과 기록을 보면서 한목소리로 외친다. 이것이야말로 한 시대에 큰 잘못을 저지르고 간 인물이요, 그들이 저지르고 간 나라 모습이 아닐까?

나는 오늘도 깊은 푸념 속에 못내 아쉽고 무거운 발걸음으로 인천국제공항을 뒤로하고 뚜벅뚜벅 공항을 걸어 나오며 대답 없는 넋두리를 해 본다.

아니, 지금도 그때 패소한 생각을 하면 화나고 참을 수 없는 것은 소송 내용처럼 국제공항 이름 공모에 세종국제공항이 1위로 거의 확정된 것을 지방선거를 앞두고 최 모선 당시 인천시장이 청와대 김영삼 대통령에게 인천국세공항으로 안 하면 지방선거 실패라는 이유를 들어 긴급 요청, 인천국제공항으로 손을 들어 주었다는 것이 사실이라면 또다시 놀라고 화가 날 일이 아닌가?

내 평생 한글 운동 중 실패로 공항을 거칠 때마다 가슴에 맺히는 분노가 치미는 것을 억제하기 힘들다. 간절히 원했던 '세종국제공항'. 그 공항 안에는 세종대왕상을 세워 세종의 존엄함을 국제적으로 오고 가는 이들에게 자랑했으면 얼마나 좋았을까?

한글날 다시 제정 성공

지금까지 한글 운동으로 해 온 일 중에서도 가장 으뜸이요, 보람은 한글날을 국경일로 다시 제정하고 공휴일까지 지정케 한 일을 꼽을 수 있다. 23년이란 긴 세월을 보내면서 숱한 대중 강연, 신문, 방송을 통해 한글날을 국경일로 다시 제정해야 하는 이유와 당위성을 끊임없이 주장도 하고 호소도 하였다.

특별히 2003년 10월 7일, 오후 2시 국회 앞 여의도 공원에서 한글날을 국경일로 제정 촉구하는 시민대회를 한국바른말연구원이 주관하고 한국노총의 후원으로 열었다. 나는 대회 주관자로서 당위성 설명을 겸한 강연을 하고 장기표 한국사회민주당 대표의 대회사에 이어 이남순 한국노총위원장이 축사를 했다.

또한 서정수 한양대학교 명예교수의 축사와 이종구 KBS 성우의 결의문 채택, 사회는 한국노총 최장윤 씨가 진행했다.

한편 이날 10월 9일 한글날 상징으로 10미터 90센티 길이의 흰색 천에 한글날을 국경일로 제정을 염원하는 시민들의 글 적기를 실시하여 이를 현장에 전시, 시민들의 동참을 유도였다. 또한 같은 크기(10m 90cm) 현수막 109개를 만들어 서울 시내(당시 25개) 구청별로 나누어 육교 난간과 교차로 등을 중심으로 직원 한 명과 같이 직접 밤새워 달았다.

높은 현수막 거치대에 올라가 한 손으로는 쇠기둥을 잡고 또 한 손으로는 줄을 당기어 바들바들 떨며 매는 작업은 여간 힘든 게 아니었다.

결과는 모두 성공이었다. 한글날을 국경일로 다시 제정하는 데도 성공했으며 공휴일 복원도 이뤄 냈다. 이 결과는 오로지 한글 관련 단체들과 한글을 사랑하는 국민들의 한목소리의 외침이 있었기에 가능했다고 생각한다.

한글날을 국경일로 다시 제정 촉구